AI 에이전트와 패션

AI문고

인공지능 시대입니다. 기계가 인간의 인지를 대신하고, 사물이 인간을 통하지 않고 다른 사물과 직접 커뮤니케이션합니다. 이에 따른 인간 삶과 문명 변화를 정확히 이해·예측·대응하는 것은 이 시대 우리 모두의 과제입니다. AI문고는 인공지능 기술과 환경의 여러 주제를 10가지 키워드로 정리합니다. 관련 개념과 이론, 학계와 산업계의 쟁점, 우리 일상의 변화를 다룹니다. 인간과 기술의 현재, 미래를 세심히 분석합니다.

일러두기

- 인명, 작품명, 저서명, 개념어 등은 한글과 함께 괄호 안에 해당 국가의 원어를 병기했습니다.
- 외래어 표기는 현행 어문규정의 외래어표기법을 따랐습니다.

처음이세요?

전문가세요?

AI 에이전트와 패션

강규연

대한민국, 서울, 커뮤니케이션북스, 2025

AI 에이전트와 패션

지은이 강규연
펴낸이 박영률

초판 1쇄 펴낸날 2025년 11월 3일

커뮤니케이션북스(주)
출판 등록 2007년 8월 17일 제313-2007-000166호
02880 서울시 성북구 성북로 5-11
전화(02) 7474 001, 팩스(02) 736 5047
commbooks@commbooks.com
www.commbooks.com

ISBN 979-11-430-1342-2 03500

책값은 뒤표지에 표시되어 있습니다.

차례

패션 디자이너를 위한 AI 에이전트

브랜드의 아카이브를 학습하고 디자인 철학을 이해하는 AI를 창의적 파트너로 구축할 수 있는 시대가 열렸다. 테스트로 묘사한 의상 콘셉트를 수십 초 내에 실사와 같은 이미지로 구현하고, 단일 아이디어를 기반으로 수백 가지의 시각적 변형을 탐색하는 기술은 더 이상 이론적 가능성이 아닌, 실제 구현 가능한 현실이 되었다.

한때 세상을 떠들썩하게 했던 메타버스의 열풍을 기억하는 이들이라면 AI라는 단어에 피로감을 느낄지도 모른다. 하지만 지금 AI가 만들어 내는 변화의 양상은 이전의 기술 유행과는 그 깊이와 속도에서 본질적인 차이를 보인다. 이는 지나가는 유행이 아니라 산업의 근간을 바꾸는 패러다임의 전환임을 보여준다.

뉴욕에서 시작된 AI 패션위크(Fashion Week)는 이러한 기술의 상업적 적용 가능성을 명확히 보여준다. 수상작들은 리볼브(Revolve)와의 파트너십을 통해 실물 제작되어 온라인으로 판매되었고, 이는 'AI 이미지 생성→실물 제작→리테일 판매'로 이어지는 가치 사슬이 상업적으로 작동함을 입증한 사례다. 콜리나 스트라다(Collina Strada)는 2024 S/S 시즌에 생성형 AI로 도출한 프린트와 형태 아이디어를 의상과 무대 오브제로 전환해 런웨이에 올리며, 디지털 아이디어가 실제 제품으로 이어질 수 있음을 증명했다. 이 외에도 잘란도(Zalando)는 대화형 패션 어시스턴트를, 리바이스(Levis's)는 전자상거래용 AI 생성 모델을 도입하며 기술 적용 범위를 확장하고 있다.

패션 산업의 AI

패션 산업에서 AI를 가장 적극적으로 활용하는 대표적인 사례는 쉬인(Shein)이다. 쉬인은 2023년에 약 325억 달러의 매출을 올렸으며, 웹사이트 클릭 데이터와 소셜 미디어 트렌드를 AI로 분석하여 수요를 실시간에 가깝게 예측한다. 소량 테스트 후 반응에 따라 재주문을 확대하는 온디맨드 운영으로 하루 수천~최대 1만 개의 신규 스타일이 공개되며, 설계에서 제품 등록까지의 리드타임은 평균 약 10일, 일부 라인은 3~7일 수준까지 단축됐다. 그 결과 '기획-생산-리테일' 전 과정의 속도를 크게 끌어올렸다.

국내에서도 대형 패션·유통사가 AI와 PLM(Product

Lifecycle Management)을 도입해 운영 효율을 끌어올리고 있다. 예컨대 삼성물산 패션 부문은 Centric PLM을 도입해 기획 · 디자인 · 소싱 협업을 한 플랫폼으로 통합했고, 신세계 I&C는 리테일 AX 영역에서 스파로스 AI 비전 기반 계산대 · 무인매장 솔루션과 멀티모달 이미지 검색 등을 확장 중이다. 또한 상품 상세 페이지(PDP) 자동 작성 같은 생성형 AI 워크플로도 국내에서 투자 · 상용화가 진행되고 있다.

패션 산업의 AI 도입은 과거 전기차의 보급 과정과 유사하다. 초기에는 소수의 관심에 머물렀으나, 현재는 주요 기술 흐름으로 자리 잡은 것처럼 AI 역시 향후 패션 산업의 표준적 도구가 될 것으로 예측된다.

과거에는 AI 기술 도입이 대규모 자본과 전문 인력을 필요로 하는 영역이었다면, 최근 오픈소스 생태계의 발전은 이러한 진입 장벽을 낮추고 있다. 고성능 AI 모델이 공개되고, 이를 활용하는 도구들이 활발히 공유되면서 이제는 개인 디자이너나 소규모 팀도 기술의 수혜자가 아닌, 주체적인 활용자가 될 수 있는 환경이 마련되었다.

그럼에도 실제 도입과 활용 사이에는 여전히 격차가 존재한다. 〈The State of Fashion 2024〉 보고서에 따르면, 전 세계 패션 기업 임원의 73%가 생성형 AI를 주요 사업 과제로 인식했지만, 디자인 및 제품 개발 같은 핵심 창의 영역에서 기술을 도입한 기업은 28%에 불과했다.

이는 현재의 범용 솔루션들이 가진 명확한 한계 때문이다. 이들 범용 모델은 인터넷의 방대한 데이터를 학습했지만, 특정 브랜드의 디자인 철학이나 고유한 미감까지 학습한 것은 아니다. 그 결과, 생성된 이미지는 기술적으로는 훌륭할지라도 어딘가 개성이 부족한, 소위 'AI가 그린 듯한' 일반적인 결과물에 머무는 경우가 많다. 범용 AI는 브랜드가 수십 년간 축적한 고유의 실루엣, 소재 조합 방식, 고유의 언어적 표현까지 반영하기 어렵다. 즉, 범용 AI가 제안하는 '트렌디한 봄 드레스'와 그 브랜드만이 만들 수 있는 '해당 브랜드다운 봄 드레스' 사이에는 본질적인 간극이 존재한다.

이러한 한계는 패션 데이터의 고유한 특성에서 기인한다. 패션은 본질적으로 주관적이고 문화적인 맥락에 의존한다. 동일한 검은색 드레스라도 TPO(시간, 장소, 상황)에 따라 비즈니스, 이브닝, 캐주얼 등으로 다르게 분류된다. 색채 명명 역시 표준화가 어렵다. 한 브랜드의 '누드'나 '베이지'가 다른 브랜드에서는 '샌드'나 '카멜'로 불리고, 피부 톤에 따라 같은 색이라도 전혀 다른 인상으로 읽힌다. 더 근본적인 문제는 패션에서는 이산적이고 통계적인 분류 자체가 본질적으로 어렵다는 점이다. 파인 게이지 니트 폴로는 티셔츠인가 스웨터인가. 라이트 웨이트 울의 오버셔츠는 셔츠인가 가벼운 재킷인가. 이런 기본적인 분류조차 명확한 기준이 없어 사람마다 다르게 판단한다.

이러한 특성 때문에 인셉션 스코어(IS)나 FID 같은 일반적인 정량적 이미지 평가 지표를 패션 분야에 직접 적용하기는 부적합하다. 해당 지표들은 워스티드 울로 구조적으로 재단된 비즈니스 수트와 워시드 리넨의 언스트럭처드 셋업을 모두 단지 '수트'라는 단일 범주로만 인식할 뿐, 어깨 구조(패드 유무), 라펠 폭과 버튼 위치, 원단의 텍스처와 광택, 계절성까지 종합해 용도와 격식을 구분하는 맥락적 평가는 불가능하다. 결국 일반 지표는 이미지의 품질과 분류, 다양성만을 평가할 뿐, 스타일의 일관성, 트렌드 적합성, 룩 단위의 조화, 브랜드 톤 정합성, 미적 설득력과 같은 패션 고유의 핵심 요소를 측정하지 못한다. 따라서 브랜드 고유의 맥락을 이해하고 결과물을 생성할 수 있는 맞춤형 AI 에이전트의 필요성이 대두된다.

AI 에이전트

이처럼 브랜드 고유의 맥락을 이해하는 맞춤형 시스템을 구축하기 위해서는 개별 AI 도구의 한계를 극복하는 통합적 접근이 필요하다. 이런 통합을 가능하게 하는 AI 에이전트는 브랜드의 과거 컬렉션과 디자인 철학을 학습한 지식 베이스, 고유의 실루엣과 디테일을 재현하는 스타일 학습, 그리고 이 모든 과정을 연결하는 자동화 워크플로를 하나의 시스템으로 엮는다.

이러한 통합이 가능해지면 시스템은 브랜드의 맥락을 기억한 상태에서 작동한다. 과거 베스트셀러 아이템의 실루엣 비율, 시즌별로 선호되었던 색상 조합, 소재별 고객 반응 같은 정보가 학습되어 있어, 새로운 콘셉트 요청에 관련 레퍼런스를 자동으로 찾아 제시한다. 동시에 브랜드 고유의 스타일을 학습한 이미지 생성 모델이 그 맥락을 시각적으로 구현하므로, 범용 AI처럼 일반적인 결과가 아니라 해당 브랜드의 톤이 반영된 시안이 생성된다.

디자이너의 작업 흐름도 달라진다. 여러 AI 도구를 오가며 매번 브랜드 가이드를 재입력하거나, 생성된 수십 개의 이미지 중 브랜드에 맞는 것을 일일이 골라내는 대신, 탐색의 출발점 자체가 이미 브랜드 문법 안에 있다.

따라서 콘셉트 설정, 방향성 조율, 최종 결과물 선별 같은 판단 업무에 더 많은 시간을 배분할 수 있게 된다.

책의 구성

이 책은 브랜드의 '두뇌' 역할을 하는 지식 베이스(RAG)를 구축하고, 브랜드만의 '눈'을 갖추게 하는 스타일 학습(LoRA)을 통해 고유의 시각적 DNA를 이식하며, 이 모든 것을 손발처럼 실행하는 자동화 워크플로(ComfyUI)로 연결하는 방법을 다룬다. 이를 통해 지식, 스타일, 실행이 하나로 통합된, 아이데이션부터 최종 결과물까지 끊김 없는 '브랜드 맞춤형 AI 파이프라인'을 완성한다. 이러한 구성은 브랜드의 지식 자산과 철학(지식 베이스)을 먼저 확립하고, 그 위에 고유의 시각적 정체성(스타일)을 학습시킨 뒤, 이를 안정적으로 실행(자동화)하는 체계적인 접근법을 따른다.

책의 전반부에서는 생성형 AI와 패션 디자인의 관계를 개괄하고, 패션 데이터의 특수성을 이해한다. 텍스트 기반 데이터와 이미지 데이터의 수집 · 정제 · 관리 방법을 다루며, 크롤링을 통한 체계적 데이터 수집 방법을 설명한다. RAG(Retrieval-Augmented Generation, 검색 증강 생성) 시스템용과 LoRA(Low-Rank Adaptation) 학습용 데이터 준비 전략의 차이점을 명확히 하고, 메타데이터 관리와 품질 관리의 중요성을 강조한다.

중반부에서는 거대 언어 모델(LLM)의 작동 원리와 기술적 한계를 이해하고, 할루시네이션과 컨텍스트 길이 제한을 극복하는 전략을 탐구한다. Temperature, Top-K, Top-P 등 파라미터 조정을 통한 출력 제어 방법을 설명한다. RAG 기술의 원리와 구조를 다루며, 임베딩과 벡터 데이터베이스를 활용한 검색 증강 생성 시스템 구축 방법을 제시한다.

이어서 SDXL, FLUX 등 주요 이미지 생성 모델의 특성을 이해하고, 프롬프트 엔지니어링을 통한 정교한 결과물 생성 방법을 설명한다. LoRA 기술로 브랜드 고유의 스타일을 학습시키는 원리와 방법을 다루며, ComfyUI의 노드 기반 워크플로를 활용한 고급 시각화 기법을 소개한다. ControlNet을 통한 정밀 제어와 전문 노드 활용법도 포함한다.

마지막 부분에서는 LLM 기반 기획과 ComfyUI 기반 시각화를 연결하는 자동화 워크플로 구축 방법을 설명한다. LangChain, n8n, Dify 등 주요 플랫폼을 비교하고 API 활용법을 다룬다. 완성된 시스템을 스트림릿(Streamlit)이나 그라디오(Gradio)로 웹 애플리케이션화하는 배포 방법을 소개하고, 지속적인 운영과 관리를 위한 업데이트 전략을 제시한다.

기업 규모의 인프라 없이도 오픈 소스와 클라우드를 조합해 최소 시스템을 스스로 구축하는 방법을 실무에서 바로 구현하도록 돕는다. 내부 문서, 제품 설명, 룩북, 리뷰, 피딩 노트 같은 자료를 표준화하고 메타데이터를 부여해 검색성과 근거성을 확보한다. 정리된 텍스트는 RAG로 연결해 질문과 출처 기반 응답이 한 몸처럼 동작하게 하고, 이미지 영역에서는 SDXL과 FLUX, LoRA를 활용해 브랜드의 시각 언어를 학습시켜 실루엣 · 소재 · 디테일을 안정적으로 재현한다. 시각화는 ComfyUI의 노드 기반 워크플로로 고정해 재현 가능성을 확보하고, 완성된 흐름은 경량 웹 앱으로 배포해 팀이 동일한 절차와 품질로 실행하도록 만든다.

패션 산업의 특성상 시즌별 변화와 트렌드 전환이 빠르기 때문에, 구축된 AI 에이전트의 성능을 최신으로 유지하고 발전시키는 방법이 중요하다. LLM 모델 업데이트는 워크플로 설정에서 모델명을 변경하는 것만으로 간단하게 처리할 수 있지만, 각 모델별 특성과 파라미터 민감도가 다르므로 최적화된 파라미터 값을 다시 찾아야 한다. 새로운 모델이 나왔다고 해서 반드시 성능이 좋은 것은 아니므로, 결과물 품질과 일관성을 비교해 보고 확실한 향상이 확인된 후에 교체해야 한다.

이미지 생성 모델의 경우 기반 모델 자체를 변경하기보다는 파인튜닝된 체크포인트 모델을 교체하는 것이 더 효과적이다. LoRA는 여러 개를 동시에 적용하면서 각각의 가중치를 개별 조절할 수 있으므로, 기존 LoRA를 재학습하는 것보다는 새로운 테마의 LoRA를 별도로 제작해서 조합하는 방식이 효율적이다. RAG 시스템은 새로운 데이터 추가가 간단하지만, 임베딩 모델 변경 시에는 모든 문서를 처음부터 다시 임베딩해야 하므로 초기 선택이 중요하다.

AI 워크플로를 구축하면 아이디어 탐색 속도가 빨라지고, 브랜드 톤이 흔들리지 않으며, 샘플 수와 수정 횟수가 줄어든다. 반복 입력과 전달 손실이 줄어 의사 결정이 또렷해지고, 디자이너는 조합과 판단, 큐레이션 같은 본질적 작업에 더 많은 시간을 배분할 수 있다.

따라서 디자이너의 역할은 단순 반복 작업에서 벗어나, AI가 생성하는 수많은 결과물 속에서 브랜드의 방향성에 맞는 최적의 안을 선별하고 지시하는 'AI 크리에이티브 디렉터'로 진화해야 한다. 이는 단순히 결과물을 선택하는 소극적 역할에 머무는 것이 아니라, AI의 잠재

력을 최대한 끌어내도록 질문의 질을 높이고, 데이터의 방향을 설정하며, 창의적인 실험의 경계를 넓히는 능동적인 지휘자의 역할을 의미한다. 미적 감각과 트렌드 감지에 더해 데이터 해석, 도구 운용, 기술적 한계의 이해가 요구되며, 많은 툴을 늘어놓는 것보다, 목적에 맞게 연결하여 기획-생성-검증이 끊기지 않도록 설계하는 능력이 핵심이다. 실루엣의 비례, 소재 운용, 색의 위계를 브랜드 문법으로 고정한 뒤 그 문법을 워크플로에 새겨야 한다.

작은 자동화부터 시작해 템플릿화된 프롬프트, 반복 리포트의 자동 요약, 무드보드-테크팩 간 필수 항목 동기화 같은 미세 개선을 통해 자신에게 맞는 에이전트를 점진적으로 확장하면, 팀의 생산성과 일관성이 자연스럽게 상승한다.

이 변화는 디자이너의 역량 구성을 바꾼다. 과거에는 손 스케치와 도식화, 패턴 작업, 가봉이 주요 기술이었다면, 이제는 프롬프트 설계, 데이터 큐레이션, 워크플로 최적화가 새로운 핵심 역량이 된다.

이 과정에서 중요한 점은 AI가 디자이너를 대체하는 것이 아니라 창의적 역량을 증폭시키는 도구라는 사실이다. 최종 판단과 미감에 대한 책임은 여전히 디자이너에게 있으며, AI는 그 판단을 뒷받침하는 다양한 선택지와 근거를 제공하는 역할을 한다. 이 책은 개인 디자이너나 소규모 팀이 복잡한 인프라 없이도 각자의 브랜드 문법을 AI에 이식하고 활용할 수 있도록, 실무적 접근법과 구체적인 도구 활용 방법을 제시한다.

참고문헌

김대은·홍성용(2025.6.8). "“이렇게 빨리 바뀔 줄은 몰랐다”…AI 늑장부린 애플, 손해 따져봤더니". 매일경제. https://www.mk.co.kr/news/stock/11337103

삼일PwC경영연구원(2024). "생성형 AI를 활용한 비즈니스의 현주소". https://www.pwc.com/kr/ko/insights/samil-insight/samilpwc_ai-business-use-cases.pdf

손미영·윤남희(2025). "패션산업에서 인공지능의 활용 동향: 가치사슬 단계에 따른 접근". 《한국지역사회생활과학회지》, 36(1), 27~46쪽.

여성국(2025.7.21). "KT, 대법원 재판업무 지원 AI 플랫폼 구축… 'AI 로클럭' 가시화 [팩플]". 중앙일보. https://www.joongang.co.kr/article/25353128

McKinsey & Company.(2023). The State of Fashion 2024.

Shoaib, M.(2023.9.21). AI models are here. Can they actually improve fashion representation?. Vogue Business. https://www.voguebusiness.com/technology/ai-models-are-here-can-they-actually-improve-fashion-representation

Silberstein, N.(2024.4.15). Shein Accused of 'Industrial-Scale'

Copyright Infringement in New Class Action Lawsuit. Retail TouchPoints.
https://www.retailtouchpoints.com/topics/market-news/shein-accused-of-industrial-scale-copyright-infringement-in-new-class-action-lawsuit

01
생성형 AI와 패션 디자인

생성형 AI가 패션 디자인 분야에서 어떻게 활용되는지 개괄한다. AI가 패션 산업의 기존 디자인 프로세스와 어떻게 차별화된 창의적 결과물을 만들어 낼 수 있는지 구체적인 사례를 통해 심층적으로 다룬다.

기후 위기와 인공지능?

생성형 AI의 확산

생성형 AI는 더 이상 '시안 몇 장을 빨리 뽑는 도구'에 머물지 않는다. 기획 초기의 콘셉트 발상부터 이미지 · 텍스트 제작, 그리고 실제 런웨이와 리테일까지 이어지는 흐름 속에서 제작 인프라로 자리 잡고 있다.

뉴욕에서 시작된 AI 패션위크는 그 방향을 선명하게 보여준다. 콜리나 스트라다는 2024 S/S 컬렉션에서 생성형 AI로 도출한 프린트와 형태 아이디어를 의상과 무대 오브제에 반영해, 아이디어 단계의 산출물이 실제 쇼피스(showpiece)로 연결될 수 있음을 보여 주었다.

아이디어가 상품으로 전환되는 사례도 확인된다. AI 패션위크 수상 디자이너들의 컬렉션은 리볼브에서 실물 의복으로 제작 · 발매되었고, 가격대와 수량을 갖춘 상용 라인으로 론칭되었다. 이는 'AI 이미지→실물 제작→리테일'이라는 연결 고리가 상업 현장에서 작동함을 보여 준다.

리테일의 고객 접점에서도 생성형 AI 적용이 확산 중이다. 잘란도는 생성형 AI 기반 패션 어시스턴트를 공개해 쇼핑 탐색 · 추천 경험을 대화형으로 재구성했다. 한편, 리바이스는 Lalaland.ai와 협업해 전자상거래용 AI 생성 모델을 시험 도입하며 상품 페이지 제작 방식의 변화를 모색했다.

운영 측면에서 가장 주목할 만한 사례는 쉬인이다. 2023년 약 325억 달러 매출을 기록한 쉬인은 웹사이트 클릭 데이터를 기반으로 고객 관심사를 파악하고, 소셜 미디어 트렌드와 AI 도구를 결합해 수요를 실시간에 가깝게 예측한다. 신규 디자인을 3~7일 만에 제품화하고, 하루 2000~1만 개 신제품을 웹사이트에 추가하는 체계를 통해 '기획-생산-리테일'의 속도를 동시에 끌어올리고 있다.

그럼에도 도입 의지와 실사용 사이에는 간극이 존재한다. 〈The State of Fashion 2024〉에 따르면, 전 세계 패션 임원의 73%가 생성형 AI를 2024년 사업 우선순위로 꼽았지만, 디자인·제품 개발과 같은 창의 핵심 영역에서 실제로 시도한 기업은 28%에 불과했다. 이는 기술에 대한 관심과 실제 실행 사이의 격차를 보여준다.

AI 기반 디자인 워크플로

패션 디자인의 전통적 흐름은 콘셉트 설정과 이미지 맵 구성으로 출발해, 손 스케치와 도식화, 패턴 작업, 가봉과 최종 샘플, 연출로 이어지는 선형 구조를 이룬다. 단계가 앞에서 뒤로 – 일직선으로 – 연결되기 때문에 각 단계의 산출물이 다음 단계의 유일한 근거가 되고, 초기 판단의 품질과 속도가 전체 리드타임을 좌우한다. 이 구조는 디자이너의 직관과 경험에 크게 의존한다는 장점을 지니지만, 동시에 수작업의 반복이 불가피하다는 한계를 안고 있다.

한 명의 디자이너가 짧은 시간 안에 대량의 변형안을 생산하기는 어렵고, 검토할 수 있는 시안의 수가 물리적으로 제한된다. 결과적으로 충분한 아이디어를 펼쳐 보고 다듬는 데 시간이 많이 소요되며, 가봉과 수정, 재가봉이라는 반복적 · 점진적 개선 과정을 통해서만 완성도가 높아진다.

이 지점에서 생성형 AI는 패션 디자인 과정에서 몇 가지 실질적 변화를 이끌고 있다. 수백 가지 스타일을 빠르게 분석해 트렌드 기반 제안을 만들고, 패턴과 디테일에 영감을 불어넣어 준다. 아카이브 자료를 참조해 새로운 조합을 시도하거나, 특정 브랜드의 스타일을 학습시켜 고유한 톤을 유지한 채 새 디자인에 적용할 수 있다.

초기 시각화의 품질과 속도도 높아졌다. 텍스트 지시만으로 무드보드를 여러 버전으로 만들어 빠르게 비교할 수 있고 색상, 소재, 착장 등 특정 조건을 준다면 결과를 원하는 방향으로 좁힐 수도 있다. 스케치나 기존 이미지를 넣어 실루엣·소재·디테일을 즉시 바꿔 보며, 짧은 시간에 더 많은 안을 검토할 수 있다. 패턴 생성과 리피트(repeat), 색상 팔레트 등을 함께 적용해 브랜드 톤을 지키며 새로운 프린트 개발 폭을 넓힌다. 이러한 전개는 시제품 제작 방식에도 변화를 준다. 과거에는 여러 안을 실물로 만들어 보면서 판단했다면, 이제는 디지털 단계에서 충분히 걸러낸 뒤 유망한 안만 실물화하는 방식으로 전환된다. 샘플 수와 출시까지 시간이 줄고, 반복 수정에 따른 비용 변동이 완화된다. 화면에서 미리 확인하므로 생산팀과의 초기 협의도 더 구체적이고 효율적이다.

다만 현재 패션 업계에서 사용되는 AI 도구들은 대부분 개별적으로 운영된다. 디자이너들은 대화형 모델로 콘셉트를 정리하고, 별도의 이미지 생성기로 시각 시안을 만들며, 또 다른 시스템에 업로드해 검토, 자산화를 진행한다. 이 과정에서 디자이너는 단계마다 지시문을 다시 쓰고 파일을 수동으로 옮겨 정리하며 앞서 확정된 톤, 콘셉트, 데이터 등을 반복 입력한다. 그 결과 시간이 불필요하게 늘고 지시문 변환 과정에서 의미가 달라지거나 단계 전환 시 누락되는 등 일관성 저하가 발생한다. 결과, 버전, 출처의 추적성도 약해져 산출물이 어떤 기준과 맥락에서 만들어졌는지 확인하고 재사용하기가 어렵다.

AI 에이전트

이렇게 개별적으로 활용되던 AI 도구들의 한계를 극복하기 위해 AI 에이전트라는 새로운 접근법이 주목받고 있다. AI 에이전트는 사용자의 목적에 맞게 다양한 AI 모델과 도구들을 자동으로 호출하고, 한 도구의 결과물을 다른 도구의 입력값으로 연결하는 통합 플랫폼이다.

AI 에이전트를 활용하면 기존에 분산되어 있던 AI 시스템들을 하나의 통합된 워크플로로 연결할 수 있게 된다. 실제로 LLM이 콘셉트 아이디어를 생성하면, 이를 바탕으로 이미지 생성 API가 시각적 자료를 만들고, 최종적으로 다시 LLM을 호출해 시장 분석과 상업적 타당성을 검토하는 일련의 과정을 하나의 시스템 내에서 진행할 수 있다.

앞서 설명한 각각의 AI 도구를 활용하기 위해 반복 입력 같은 비효율적인 작업 없이도, 작업의 일관성을 유지하면서 다양한 결과물을 내놓을 수 있는 생성형 AI를 구축하고, 활용할 수 있다.

이렇게 생성형 AI가 패션 디자인 프로세스에 효율적으로 적용된다면 AI는 디자이너들에게 끝없는 영감을 제공하고, 수백 가지 디자인 요소를 결합해 주며, 몇 초 만에 디지털로 시각화할 수 있는 도구를 제공한다. 이를 통해 빠르게 변화하는 패션 업계에서 소중한 시간을 절약하고, 창의적 관점을 넓히며, 디자인 창조로 이어질 수 있다.

중요한 것은 AI가 디자이너를 대체하는 것이 아니라, 디자이너의 창의적 역량을 증폭시키는 도구라는 점이다. 디자이너들은 이제 반복적인 자료 조사나 기계적인 시안 작업에서 벗어나 더 높은 차원의 창의적 사고와 콘셉트 개발에 집중할 수 있게 될 것이다.

참고문헌

Kitishian, D.(2025.7.23). Nike's AI Strategy: Analysis of Dominance in Athletic Apparel, Footwear. Klover. https://www.klover.ai/nike-ai-strategy-analysis-of-dominance-in-athletic-apparel-footwear/

Lapatoura, I. & Niyompatama, M. J.(2025). Generative AI in fashion design creation: A copyright analysis of AI-assisted designs. *Journal of Intellectual Property Law & Practice.*

McKinsey & Company.(2023). The State of Fashion 2024.

Shoaib, M.(2023.9.21). AI models are here. Can they actually improve fashion representation?. Vogue Business. https://www.voguebusiness.com/technology/ai-models-are-here-can-they-actually-improve-fashion-representatio

n

Silberstein, N.(2024.4.15). Shein Accused of 'Industrial-Scale' Copyright Infringement in New Class Action Lawsuit. Retail TouchPoints. https://www.retailtouchpoints.com/topics/market-news/shein-accused-of-industrial-scale-copyright-infringement-in-new-class-action-lawsuit

02
패션 데이터의 구축

생성형 AI가 패션 디자인 분야에서 어떻게 활용되는지 개괄한다. AI가 패션 산업의 기존 디자인 프로세스와 어떻게 차별화된 창의적 결과물을 만들어 낼 수 있는지 구체적인 사례를 통해 심층적으로 다룬다.

노래하는 AI 보컬?

패션 데이터의 특수성

패션 분야에서 AI 데이터를 구축할 때 가장 먼저 이해해야 할 점은 패션이 다른 분야와 근본적으로 다른 특성을 갖는다는 것이다. 패션은 본질적으로 주관적이고 문화적인 개념이다.

이런 주관성은 데이터 구축 방식에 직접적인 영향을 미친다. 같은 검은색 드레스도 스타일링과 TPO에 따라 비즈니스, 이브닝, 캐주얼 등으로 다르게 분류될 수 있다. 색 이름 역시 표준화가 어렵다. 한 브랜드의 '누드'나 '베이지'가 다른 브랜드에서는 '샌드'나 '카멜'로 불리고, 피부 톤에 따라 같은 색이 전혀 다른 인상으로 읽힌다. 더 근본적인 문제는 패션에서는 이산적이고 통계적인 분류 자체가 본질적으로 어렵다는 점이다.

가장 간단한 예로, 하나의 상의가 티셔츠인지 니트인지 구분하는 것부터 쉽지 않다. 면으로 만든 니트 소재 티셔츠가 있다면 이것을 티셔츠로 봐야 할까, 니트로 봐야 할까? 마찬가지로 무릎 정도 오는 긴 상의는 원피스일까 튜닉일까? 두꺼운 레깅스와 얇은 스키니진의 경계는 어디일까? 이런 기본적인 분류조차 명확한 기준이 없어 사람마다 다르게 판단한다.

이런 애매함은 가장 객관적이어야 할 공식 분류에서

도 나타난다. 국제 무역에서 관세를 정하기 위해 사용하는 HS 코드(국제통일상품분류체계)가 대표적이다. HS 코드는 '일물일처' 원칙에 따라 하나의 물품은 오직 하나의 코드로 분류하도록 되어 있지만, 같은 물건이라도 해석의 차이에 따라 적용할 수 있는 코드가 상당히 많다. 심지어 성별 구분도 단추 잠김 방향이라는 기계적 기준에 의존하고, 현재 트렌드인 유니섹스에 대한 기준은 아예 없다.

이렇게 가장 명확해야 할 관세 분류조차 사람마다 다르게 해석될 수 있다면, 패션의 미적 가치나 스타일을 정량화한다는 것은 더욱 어려운 일이다.

이러한 특성 때문에 패션 분야에서는 일반적인 정량적 평가 기준을 적용하기가 매우 까다롭다. 정확히 말하면 이미지 생성 AI의 결과물을 평가하는 인셉션 스코어(Inception Score, IS)나 FID(Frechet Inception Distance) 같은 정량 지표가 있으나, 이들을 패션 평가에 사용하는 것은 적합하지 않다.

인셉션 스코어는 생성된 이미지의 명확성과 다양성을 한 번에 정량화하는 지표다. 수백만 장의 사진으로 미리 훈련된 AI 분류 모델에 생성된 이미지를 넣으면, 분류 모델이 "이건 개일 확률 90%, 고양이일 확률 5%…"로 각

클래스별 확률을 계산해 준다. IS는 이 확률들을 수학적으로 조합하여 계산해 최종 점수를 구하는 방식이다. 개별 이미지의 예측이 또렷할수록(명확성), 이미지 전체가 서로 다른 클래스로 고르게 퍼져 있을수록(다양성) 점수가 높아진다. 점수는 높을수록 좋으며, 보통 1점에서 시작해 실제 사진 수준은 대략 10~20 범위를 보인다.

FID는 실제 사진 그룹과, AI가 만든 사진 그룹이 전체적으로 얼마나 비슷한지를 숫자로 보여주는 지표다. 방법은 이렇다. 먼저 사전 학습된 분류기에 각 이미지를 넣어, 이미지마다 특징을 요약한 숫자 벡터(일종의 지문)를 만든다. 그런 다음 두 묶음(실제 · 생성)의 특징들이 형성하는 전체 모양(평균적인 위치와 퍼짐)을 비교해 둘 사이의 거리를 계산한다. 이 거리를 FID라고 부른다. 점수는 낮을수록 좋으며, 0에 가까울수록 실제 이미지와 거의 구분되지 않음을 뜻한다. 일반적으로 양호한 생성 모델은 10~30 정도의 값을 보인다.

이 지표들은 고양이 · 개처럼 범주가 뚜렷한 대상을 구분하는 데에는 유효하지만, 패션을 평가하기에는 부정확하다. IS나 FID의 관점에서는 워스터드 울로 구조적으로 재단된 비즈니스 수트와 워시드 리넨의 언스트럭처드 셋업이 모두 단지 '수트'로만 인식된다. 그러나 실제 평가는 어깨 구조(패드 유무), 라펠 폭과 버튼 위치, 원단의 텍스처와 광택, 계절성까지 종합해 용도와 격식을 구분한다. 마찬가지로 슬림 라펠 · 테이퍼드 트라우저 수트와 넓은 라펠 · 하이웨이스트 와이드 트라우저 수트는 같은 '수트' 범주라도 체감 차이가 크다.

'미니멀'이라는 하나의 범주 안에서도 차이는 분명하다. 보트넥과 스퀘어넥, 캡 슬리브와 세미 롱 슬리브, 내추럴 웨이스트와 하이 웨이스트처럼 몇 가지 디테일만으로도 비례와 시선의 흐름이 달라져 전혀 다른 인상을 만든다. 더 나아가 개별 아이템이 훌륭해도, 질감 · 광택 · 무게감의 조합이 어긋나면 룩 전체의 조화는 무너진다.

결국 일반 지표들은 이미지 품질과 분류 · 다양성만 볼 뿐, 스타일 일관성, 동시대성(트렌드 적합), 룩 단위의 조화, 브랜드 톤 정합성, 미적 설득력 같은 패션 고유의 맥락을 포착하지 못한다. 이런 이유로 패션 분야에서는 기존의 정량적 지표와는 다른 접근 방식이 요구되며, 인간 전문가의 정성 평가나 패션 고유의 맥락을 이해할 수 있는 평가 체계가 중요해진다.

패션 데이터의 종류와 특성

패션 AI에서 필요로 하는 데이터는 크게 텍스트 기반 데이터와 이미지 데이터로 나뉜다. 이 두 종류의 데이터는 각각 다른 AI 기술에 활용되며 서로 다른 목적을 갖는다.

텍스트 기반 데이터

텍스트 데이터는 AI가 패션 전문가처럼 상담하고 기획안을 제시할 수 있도록 만드는 핵심 재료다. 이런 데이터는 주로 RAG(검색 증강 생성) 시스템에 활용된다. RAG는 브랜드 전용 지식 베이스를 만드는 개념이다.

일반 LLM이 세상 일반 정보를 폭넓게 알고 있다면, RAG는 여기에 브랜드 고유 자료(철학, 디자인, 과거 성과)를 넣어, 질문이 들어올 때 먼저 내부 자료를 찾아보고 그 근거로 정확하고 구체적인 답을 만들게 한다. 예를 들어 "우리 브랜드의 26SS 여성 테일러드 캡슐 제안"을 요청하면, 시스템이 과거 시즌의 베스트 룩, 피팅 노트, 판매 반응, 리뷰 요약을 자동으로 모아 AI에 제공하고, AI는 이 실제 기록을 토대로 브랜드 정체성에 맞는 제안을 생산한다.

이런 전용 지식 베이스를 만들기 위해서는 다양한 텍스트 자료를 수집해야 한다. 기획 문서가 가장 핵심적인 데이터다. 과거 컬렉션의 기획서, 디자인 철학, 브랜드 가이드라인 등이 여기에 포함된다. 이런 문서들이 쌓이면 AI가 브랜드의 디자인 철학을 이해하고, 새로운 기획에서도 브랜드 정체성에 맞는 일관된 제안을 할 수 있게 된다.

시장 분석 사료도 중요한 역할을 한다. 트렌드 분석 보고서, 고객 피드백, 판매 데이터 등이 포함된다. "20대 여성 고객의 재구매율이 높은 아이템"이나 "지난 봄 가장 반응이 좋았던 칼라 팔레트" 같은 정보를 계절별, 연도별로 정리해 두면, AI가 시장 상황을 반영한 현실적인 제안을 할 수 있다.

제품 정보는 실무에서 바로 활용할 수 있는 데이터다. 제품 상세 설명, 소재 구성, 마감 · 부자재, 사이즈 스펙, 케어 라벨, 가격대 등이 이에 해당한다. 특히 자사 쇼핑몰의 제품 페이지는 이미지와 텍스트가 체계적으로 연결되어 있어 가장 이상적인 데이터 소스다. 실제로 가장 쉽게 얻을 수 있는 텍스트 데이터는 이런 판매 자료에 있는 제품의 상세 설명이나 정보들이다. 예를 들어 "브랜드 고유 팔레트: Ink / Bone / Sage", "왼쪽 허리 비대칭 다트와 더블 스티치 사용(아이덴티티 디테일)", "모노그램 각인 혼 버튼 · 시그니처 메탈 하드웨어", "책임감 있는 울 인증 기준 충족(RWS)" 같은 문장과 "모델 172cm/S 착용: 정사이즈 권장", "리뷰 1100건 요약: 정사이즈 81% · 작게 11% · 크게 8%" 같은 체감 정보가 함께 기록된다. 이런 서술형 · 수치형 데이터가 축적되면, AI는 새 제품을 제안할 때 계절 · 관리 · 내구성뿐 아니라 브랜드 톤과 시그니처 디테일까지 고려해 소재 · 사양 · 카피를 일관되게 추천할 수 있다. 이렇게 구축된 텍스트 베이스는 AI가 단순 정보 나열을 넘어 브랜드 맥락을 이해한 상담 · 기획 제안을 하게 만든다. 동일한 '블랙 드레스' 요청이라도, 시스템이 내부 자료에서 Studio Fit 블록(구조적 어깨 · 자연스러운 허리 드롭), 하우스 팔레트 Ink/Bone/Sage, 외부 브랜딩 배제(미니멀 철학), 좌측 허리 비대칭 다트+더블 스티치(아이덴티티 디테일), 모노그램 혼 버튼 · 시그니처 메탈 하드웨어, 책임감 있는 울 인증 기준(RWS) 등의 규칙을 불러와 반영한다. 그 결과 제안은 브랜드 톤과 제작 철학을 유지한 실행 가능한 초안으로 수렴한다.

이미지 데이터

이미지 데이터는 브랜드의 시각 언어를 AI에게 가르치는 핵심 자료로서 주로 LoRA 학습에 활용된다. LoRA는 기존 생성 모델의 일반 지식은 유지한 채, 소규모의 보조 모듈을 덧붙여 특정 스타일을 추가로 학습시키는 개념이다.

일반적인 이미지 생성 AI는 인터넷의 수많은 이미지를 보고 학습했지만, 특정 브랜드만의 독특한 스타일은 잘 알지 못한다. 그래서 그 브랜드의 이미지들만 모아서 별도의 학습을 시키는 것이다. LoRA의 장점은 대규모 재학습 없이도 브랜드 고유의 실루엣, 디테일, 팔레트 운용 등을 빠르게 익히게 할 수 있다는 것이다. 완성된 LoRA는 파일 크기가 작아 보관 · 조합이 용이하며, 필요하면 여러 개의 LoRA를 동시에 적용해서 다양한 스타일을 조합할 수도 있다.

학습 데이터는 결정적 요소가 명확히 드러나도록 수집해야 한다. 예를 들어 곡선형 허리선과 완만한 페플럼이 특징인 바 실루엣 재킷을 학습시키려면, 동일한 배경과 조명에서 촬영한 정면 · 측면 · 후면 착장 이미지를 모으고, 라펠 롤 · 버튼 스탠스 · 다트 위치가 선명하게 드러난 디테일 컷을 함께 준비한다. 개버딘 트렌치코트의 경우에는 레글런 숄더, 스톰 플랩, 건 패치, D-링, 버클 하드웨어, 센터 벤트 등 구조 요소가 분명히 보이는 각도와 화각으로 통일해 수집한다. 마이크로 플리츠 드레스처럼 소재 표면이 결과 인상을 좌우하는 경우에는 주름의 간격 · 방향 · 드레이프를 확인할 수 있는 클로즈업을 일정한 스케일로 포함한다. 이처럼 한 스타일의 결정적 요소가 무엇인지 먼저 정의하고, 그 요소가 명확히 드러나는 이미지를 일관된 조건으로 모으는 것이 LoRA 데이터 구축의 출발점이다.

데이터 품질과 일관성은 성능을 좌우한다. 배경 · 조명 · 렌즈 화각을 가능한 한 통일하고, 과도한 보정이나 과장된 색 변환은 지양한다. 제품 단독(플랫 · 마네킹) 이미지와 실제 착용 이미지를 함께 준비하되, 착용 이미지에서는 표준 포즈와 일정한 카메라 높이를 유지해 실루엣 변형을 최소화한다.

제품 상세 이미지는 앞 · 뒤 · 옆 등 다각도 제품 컷, 봉제 · 하드웨어 · 마감의 디테일 컷, 소재 질감을 보여 주는 클로즈업을 뜻한다. 한 제품을 정면 · 후면 · 측면에서 동일 조건(조명 · 거리 · 화각)으로 촬영해 모으면, 모델이 형상과 구조를 입체적으로 파악한다. 사진으로 조각을 여러 각도에서 관찰해 전체를 이해하는 것과 같다.

착용 이미지는 모델이 실제로 입은 상태를 기록해, 옷의 핏 · 실루엣 · 드레이프와 움직임에 따른 반응을 보여준다. 평면적인 제품 사진만으로는 알기 어려운 옷의 자연스러운 드레이프나 착용감을 AI가 학습할 수 있게 해준다. 이때도 모델의 포즈나 배경이 일관되면 AI가 옷 자체의 특징에만 집중해서 학습할 수 있어 더 좋은 결과를 얻을 수 있다.

크롤링을 통한 체계적 데이터 수집

패션 브랜드의 데이터를 효율적으로 모으는 가장 현실적인 방법은 웹 크롤링이다. 크롤링은 웹사이트를 자동으로 탐색해 텍스트와 이미지를 수집·정리하는 기술로, 사람이 제품 페이지를 하나씩 방문해 이미지를 저장하고 설명을 복사하는 일을 프로그램이 대량·일관되게 수행하도록 한다. 제품이 수백·수천 개에 이르는 사이트에서는 수작업으로 며칠 걸릴 일을 몇 시간 내에 구조화된 형태로 확보할 수 있다는 점이 강점이다.

인터넷 쇼핑몰은 가장 이상적인 데이터 소스다. 한 페이지에서 메인·상세·착용 이미지와 함께 제품명, 카테고리, 가격, 색상·사이즈 옵션, 소재·혼용률, 핏·실측치, 리뷰 요약, 추천 코디(연관 상품)까지 한 번에 추출할 수 있기 때문이다.

공식 홈페이지에서는 브랜드 스토리, 시즌 콘셉트, 룩북 캡션, 디자이너 인터뷰, 지속가능성 정책 등 브랜드 문법과 톤을 드러내는 서사를 확보할 수 있어 RAG 지식 베이스 구축에 직접적으로 기여한다. 이 외에도 허가된 외부 사이트의 공개 리포트 · 룩북 · 리뷰 아카이브 등은 참고 자료로 수집하되, 각 사이트의 이용 약관과 저작권 정책을 반드시 확인해야 한다.

크롤링 시 주의사항

크롤링에는 지켜야 할 기본 규약과 운영 원칙이 있다.

먼저 사이트 주소 뒤에 /robots.txt를 붙여 열고 Disallow, Allow, Crawl-delay 등 지시문을 확인해 접근 가능 범위와 어느 속도로 수집이 가능한지 파악한다. 예를 들어 example.com/robots.txt로 들어가면 User-agent, Disallow: /admin 같은 문구가 보이는데, 이는 자동 수집 프로그램은 /admin 폴더에는 들어오지 말라는 뜻이다. 이 약속을 준수하는 것이 웹의 예의이자 법적 · 윤리적 위험을 줄이는 출발점이다. 동시에 사이트의 이용 약관과 저작권 정책을 미리 확인하고, 로그인 · 결제 같은 보호된 영역에 접근하거나 캡차(CAPTCHA)를 우회하는 행위, 인증 토큰 재사용은 하지 않는다. 수집 목적(연구 · 내부 분석 · 상업적 활용)은 내부 문서로 명확히 남겨야 한다. 또한 너무 빠르게 요청을 보내 서버에 부담을 주지 않도록, 페이지 사이에 1~2초 간격을 두는 것이 좋다.

AI 용도별 데이터 준비 전략

앞서 살펴본 바와 같이 패션 AI에서는 텍스트 데이터가 RAG 시스템에, 이미지 데이터가 LoRA 학습에 각각 활용된다. 이 두 시스템은 서로 다른 방식으로 작동하기 때문에 데이터 준비 전략도 달라야 한다. RAG는 질문에 대한 정확한 정보를 찾아 제공하는 것이 목적이고, LoRA는 일관된 시각적 스타일을 학습하는 것이 목적이기 때문이다.

RAG 시스템용 데이터 준비

RAG 시스템은 브랜드 전용 지식 창고 역할을 한다. 사용자가 질문하면 관련 문서를 찾아서 근거로 제시하는 방식이므로, 정보의 정확성과 접근성이 가장 중요하다.

데이터 수집 단계에서는 포괄성이 핵심이다. 브랜드와 관련된 모든 문서를 최대한 많이 모아두는 것이 좋다. 특정 주제의 문서가 많다고 해서 문제가 되지 않으며, 오히려 같은 주제에 대한 다양한 관점의 자료가 많을수록 더 풍부하고 정확한 답변을 만들 수 있다. 예를 들어 "지속가능한 소재"에 대한 문서가 50개 있다면, AI는 다양한 각도에서 해당 주제를 다룰 수 있어 더 완성도 높은 기획안을 제시할 수 있다.

데이터 정제 단계에서는 검색 정확도를 높이는 데 집중한다. 브랜드명 · 제품명 · 소재명 · 색 이름 등의 표기를 한 체계로 통일하고, 오타나 잘못된 정보를 미리 수정한다. '네이비'와 '남색'처럼 같은 의미의 다른 표현들은 하나로 통일하거나, 둘 다 사용할 경우 상호 참조가 가능하도록 정리한다. 문서 형식은 AI가 읽기 쉬운 형태를 우선한다. PDF나 일반 텍스트 파일이 가장 안정적이며, 표나 이미지가 포함된 복잡한 문서는 핵심 텍스트 내용을 별도로 추출해서 정리하는 것이 효과적이다.

LoRA 학습용 데이터 준비

LoRA의 목적은 시각적 일관성을 학습시키는 것이다. 따라서 데이터의 균형과 품질이 결과를 좌우한다.

카테고리 분포가 한쪽으로 치우치면 모델이 브랜드를 잘못 이해할 수 있다. 예를 들어 드레스 사진이 500장이고 바지 사진이 10장뿐이면, 이후 "브랜드 스타일의 바지"를 생성할 때 드레스의 특징이 억지로 섞여 부자연스러운 결과가 나온다. 브랜드 전체의 특징을 학습시키려면 상의, 하의, 원피스, 아우터 등을 실제 제품 구성에 가까운 비율에 맞춰 구성해야 한다.

하지만 데이터 분포가 극단적으로 편중된 경우에는 억지로 균형을 맞추기보다 분리 학습이 효과적이다. 예를 들어 한 브랜드의 드레스 비중이 90%라면, 전체를 하나의 LoRA로 학습시키기보다는 '드레스 전용 LoRA'와 '기타 아이템 LoRA'를 나눠 학습시키는 것이 효과적이다. 이렇게 하면 드레스의 세밀한 특징은 별도로 완벽하게 학습시키고, 소수의 다른 아이템들도 각각의 특성을 온전히 보존할 수 있다. 나중에 필요에 따라 두 LoRA를 조합하거나 개별적으로 사용하면 된다.

색상과 스타일의 다양성도 신중하게 관리해야 한다. 검은색 의상만 500장 모으면 AI가 해당 브랜드를 흑백 전문 브랜드로 학습할 수 있다. 브랜드가 실제로 사용하는 색상 팔레트를 정확히 반영하되, 한 색상에 과도하게 편중되지 않도록 조절한다. 만약 브랜드 정체성 상 모노톤이 주를 이룬다면 그에 맞게 구성하되, 완전히 한 색상만 사용하는 극단적 상황은 피한다.

마찬가지로 색상 분포가 극단적인 경우에도 분할 전략을 활용할 수 있다. 브랜드가 블랙 90%, 화이트 10%로 구성되어 있다면, 블랙 전용 LoRA와 화이트 전용 LoRA를 별도로 제작한 후 필요에 따라 조합하는 방식이다. 이렇게 하면 각 색상의 고유한 특징과 활용법을 더 정확하게 학습할 수 있으며, 나중에 "브랜드 스타일의 블랙 드레스"나 "브랜드 스타일의 화이트 블라우스"처럼 구체적인 요청에 더 정확하게 대응할 수 있다.

데이터 품질 관리

수집한 데이터는 반드시 정제 과정을 거쳐야 한다. 먼저 중복 데이터부터 걸러낸다. 같은 제품의 각도만 다른 사진이나 비슷한 스타일의 의상이 과도하게 많으면 AI가 편향된 학습을 할 수 있다.

이미지는 해상도와 품질도 통일해야 한다. 너무 작거나 흐릿한 이미지는 학습 효과를 떨어뜨린다. 색감이 왜곡되었거나 의상이 제대로 보이지 않는 이미지도 제외한다. 대부분의 AI가 처리하는 이미지 해상도는 512×512 픽셀이나 1024×1024 픽셀 수준이므로, 4K나 8K 같은 초고해상도를 고집할 필요는 없다.

메타데이터 관리

메타데이터는 '데이터에 붙는 설명'으로, 쉽게 말해 각 파일에 붙이는 설명 태그 같은 것이다. 한 장의 드레스 사진에 "카테고리=드레스, 색상=네이비, 시즌=2024 봄,

스타일=미니멀" 같은 태그를 함께 저장해 두면, 나중에 "2024 봄 미니멀 드레스"처럼 조건을 주어 바로 찾아낼 수 있다.

이미지 파일명도 규칙을 정해 통일한다. DRESS_2024SS_MINIMAL_NAVY_001.jpg처럼 품목_시즌_스타일_색상_번호 순서를 쓰면 검색과 정리가 쉬워진다. 문서 파일은 작성일-문서유형-주제를 포함해 2024-03-15_Guide_BrandTone-KR.pdf처럼 저장하고, 필요하면 별도의 표나 데이터베이스에 제목, 작성자, 시즌, 관련 제품 코드, 출처 URL을 함께 기록해 두면 검색 정확도가 높아진다.

데이터 활용 사례

시즌별 컬렉션 기획에서는 과거 3년간의 봄 컬렉션 기획서와 판매 데이터를 RAG 시스템에 구축한 후, 2026년 봄 컬렉션을 위한 미니멀 스타일 제안을 요청하면 브랜드의 과거 성공 사례와 시장 트렌드를 종합한 기획안을 받을 수 있다. 이때 AI는 단순히 일반적 트렌드 나열이 아니라 브랜드의 실제 성과 데이터를 바탕으로 한 맞춤형 제안을 할 수 있다.

브랜드 스타일 일관성 유지를 위해서는 브랜드의 시

그니처 아이템으로 LoRA를 학습해 시각적 문법을 고정한 후, 새로운 카테고리로 확장해도 정체성을 유지한 디자인을 생성할 수 있다. 예를 들어 드레스 전문 브랜드가 바지 라인을 새로 출시할 때, 기존 드레스의 실루엣이나 디테일 처리 방식을 바지 디자인에도 자연스럽게 적용할 수 있다. 결과물은 "브랜드다움"을 잃지 않으면서도 카테고리 특성에 맞춘 설계로 제안된다.

참고문헌

Shirkhani, S. et al.(2023). Study of AI-driven fashion recommender systems. *SN Computer Science, 4*(5), 514.

Argyrou, G. et al.(2024). Prompt2Fashion: An automatically generated fashion dataset. *Proceedings of the 13th Hellenic Conference on Artificial Intelligence(SETN 2024)*, 61, pp.1~6.

Robots.txt. https://www.robotstxt.org/

03
LLM 기반의 패션 기획

거대 언어 모델(LLM)을 패션 기획에 활용하는 방법을 다룬다. 할루시네이션이나 컨텍스트 길이 제한 등의 기술적 한계를 인지하고, 변수 조절 및 토큰 관리 등을 통해 실무 환경에서 이를 극복하는 전략을 탐구한다.

인공지능과 편향?

LLM 기술의 이해

인공지능이라는 발상은 1950년대 이미 제안되었지만, 당시 컴퓨터 성능의 한계로 대개 이론적 구상에 머물렀다. 그러다 컴퓨터의 연산 능력의 발전과 양질의 데이터 축적이 맞물리며 연구는 서서히 현실화되기 시작했다.

결정적 전환점은 2017년 구글(Google)이 자연어 처리에 최적화된 트랜스포머(Transformer) 아키텍처를 발표한 것이었다. 이 구조 위에서 방대한 데이터와 컴퓨팅 자원이 결합해 LLM이 등장했고, 이를 활용한 대화형 인터페이스를 갖춘 ChatGPT의 등장으로 AI 기술이 연구실 밖으로 나와 일상의 생산 도구로 자리 잡게 되었다. 특히 창의적 작업 영역에서 LLM의 활용 가능성이 주목받기 시작했는데, 패션 기획 분야도 예외가 아니었다. 기존 패션 기획에서는 트렌드 분석부터 컬렉션 콘셉트 개발까지 상당한 시간과 인력이 소요된다. 그러나 LLM을 활용하면 이런 과정을 대폭 단축할 수 있게 되었다. 예를 들어 "지속가능성을 강조하는 25~35세 여성 타깃 캐주얼 브랜드의 2025년 봄 컬렉션 방향성"에 대한 초기 기획안을 몇 분 안에 얻을 수 있고, 이를 다양한 각도에서 변주하거나 세부적으로 발전시킬 수 있다. 하지만 이런 효율성과 동시에 LLM의 근본적 한계를 이해하는 일이 중요해졌다. LLM이 어떤 원리로 작동하는지, 어떤 기술적 제약이 있는지, 그리고 이를 어떻게 관리하고 활용할 수 있는지에 대한 체계적 이해 없이는 오히려 잘못된 정보나 부정확한 분석에 의존하게 될 위험이 크다. 따라서 LLM을 비롯한 생성형 AI의 근본 기술과 그에 따른 한계를 이해하는 것이 중요하다.

LLM의 작동 원리: 지능이 아닌 확률

LLM은 외견상으로는 지적 주체와의 상호작용으로 보일 수 있으나, 그 본질은 매우 정교하게 설계된 '수학적 확률 계산기'에 가깝다.

LLM은 입력된 텍스트를 분석한 뒤, 학습 데이터 세트의 통계적 패턴을 기반으로 다음에 이어질 단어를 예측한다. 예를 들어 '이번 시즌 컬러 트렌드는'이라는 문장이 입력되면, LLM은 학습 과정에서 구축된 언어적 패턴에 따라 '핑크', '모카 무스', '라벤더'와 같은 단어가 이어질 확률 분포를 계산한다. 마찬가지로 '이번 컬렉션의 실루엣은'이라는 문장이 주어졌을 때는 '구조적이다', '오버사이즈다', 'A라인이다'와 같은 표현이 뒤따를 가능성을 통계적으로 산출한다. 이와 같이 LLM은 맥락에 따라 특정 단어가 출현할 확률을 추정함으로써 문장을 생성한다. 그리고 사전에 정의된 규칙에 따라 이 확률 분포상에서 가장 가능성이 높은 혹은 특정 기준을 만족하는 단어를 선택하여 문장을 이어 나간다. 이 예측과 선택의 과정이 순식간에 여러 번 반복되어 하나의 완성된 텍스트를 생성하는 것이다.

즉 LLM이 생성하는 결과물은 사유나 창의적 영감의 산물이 아니며, 전적으로 데이터에 기반한 확률적 예측의 결괏값일 뿐이다. '지능'이 아닌 '수학'이라는 이 기계적 본질을 이해하는 것이 LLM의 가능성과 한계를 명확히 파악하고, 이를 효과적으로 활용하는 전략을 수립하는 데서 가장 밑바탕이 된다.

기술적 한계와 대응 전략

앞서 설명한 LLM의 수학적, 확률적 작동 방식은 필연적으로 발생하는 기술적 한계를 내포하고 있다. 대표적인 것이 바로 할루시네이션(Hallucination)과 컨텍스트 길이(Context Length) 문제다. 그러나 이러한 한계들은 수동적으로 감수해야 할 문제가 아니라, LLM의 수학적 특성을 활용하여 능동적으로 관리하고 제어할 수 있는 대상이다.

할루시네이션 문제와 해결책

할루시네이션이란 LLM이 사실과 다른 정보를 그럴듯하게 생성하는 현상을 말한다. 이 문제에 대응하는 가장 직접적인 전략은 LLM이 추측할 여지를 원천적으로 제거하는 것인데, 신뢰할 수 있는 정보를 프롬프트에 직접 제공하는 방식으로 구현된다.

예를 들어, "이브 생 로랑이 사용한 소재에 대해 알려줘"라고 묻는 대신, 전시 카탈로그 자료를 먼저 제공하고 "다음은 YSL 주요 작품에 사용된 소재 목록이다. 이 자료만을 바탕으로 설명하라"고 지시하는 방식이다. 이 방법은 LLM의 정보 탐색 범위를 제공된 텍스트로 한정시켜, 사실에 기반한 답변을 생성하도록 강제한다. 이러한 접근법은 향후 논의될 RAG 기술의 주요한 아이디어가 된다.

입력 한도 제한과 효율적 처리

AI는 한 번에 받아들일 수 있는 입력량(컨텍스트 길이)의 한도가 정해져 있다. 자료가 너무 길면 중요한 부분이 잘리거나 답의 정확도가 낮아질 수 있다.

2024년 발표된 〈Leave No Document Behind〉 연구에 따르면, 처리해야 할 정보량이 늘어날수록 AI의 성능이 급격히 떨어지는 현상이 명확하게 드러났다. 연구진이 GPT-4o에게 상대적으로 짧은 분량의 문서들을 처리하게 했을 때는 70.4%의 정확도를 보였지만, 문서량이 약 5배 늘어나자 정확도가 31.1%로 급락했다. 즉, 정보량이 늘어나자 정확한 답변 비율이 절반 이상 떨어진 것이다. 더욱 주목할 점은 AI가 이론적으로는 훨씬 더 많은 정보를 처리할 수 있다고 설계되었음에도, 실제로는 그 절반 수준에서부터 답변 품질이 저하되기 시작했다는 사실이다. 보다 큰 입력량을 처리 가능하다고 알려진 Gemini 1.5 Pro조차 정보량 증가에 따른 성능 하락을 피할 수 없었다.

예를 들어 패션 디자인 기획안을 LLM과 작성한다고 하자. 디자인 기획안은 피드백이 많이 오가며, 아이템 구성 · 타깃 고객 · 가격대 · 컬러 · 소재 · 생산 일정 등의 논의가 이어지면서 입력 분량이 쉽게 길어진다. 이런 상황에서는 LLM의 입력 한도를 금세 소진해, 앞서 합의한 내용이 누락되거나 결정이 뒤로 밀리는 문제가 생길 수 있다.

이러한 LLM의 특성을 고려하여, 패션 디자인 기획안을 큰 단위(섹션)로 나눠 진행하고, 각 섹션이 끝날 때 핵심만 정리한 요약을 만든 뒤, 그 요약만을 들고 '새 대화'

로 전환한다. 즉, 수십 페이지 문서를 한꺼번에 넣지 말고 의미 단위로 분할해 각 부분의 핵심을 요약·정리한 다음, 이 요약들을 하나로 묶어 최종 목록표나 종합 요약본을 만들도록 지시한다. 마지막으로 이전 대화 기록은 닫아 입력 한도를 불필요하게 차지하지 않게 하고, 방금 만든 최종 요약본은 새 대화의 참조 기준으로 삼아 다음 작업을 이어간다. 이렇게 하면 과거의 장황한 메시지가 차지하던 공간을 줄여 LLM이 현재 작업에 더 많은 '생각 공간'을 쓰게 되고, 일관성과 정확도를 함께 높일 수 있다.

파라미터 조정을 통한 출력 제어

생성형 AI는 다음에 올 단어를 고르는 과정에서 가능한 선택지에 확률을 부여한다.

이때 몇 가지 파라미터(설정값)를 조정하면 확률의 모양과 선택 폭이 달라져 출력의 성격을 직접 통제할 수 있다. 파라미터는 음향 장비의 노브처럼 생각해도 좋다. 원하는 결과(더 창의적/더 일관적/더 짧게/반복 줄이기 등)에 맞춰 조정하면 된다.

Temperature: 창의성과 일관성의 균형

Temperature는 LLM이 확률이 높은 표현을 얼마나 고집할지 혹은 덜 가능성 있는 표현에도 기회를 줄지를 정한다. 값이 낮으면(약 0.1~0.3) 분포가 날카로워져 흔한 표현을 안정적으로 선택한다. 스펙 요약, 규격 문서, 가격·원가 설명처럼 일관성이 중요한 작업에 적합하다. 반대로 값이 높으면(약 0.8~1.0) 분포가 평평해져 다양한 표현이 나온다. 캠페인 슬로건, 콘셉트 키워드, 룩북 아이데이션처럼 발산적 사고가 필요한 순간에 유용하다. 다만 낮은 Temperature가 '더 진실'함을 뜻하지는 않는다. 단지 변동이 적다는 의미다.

Top-K와 Top-P: 후보군 범위 제어

LLM은 다음에 올 단어들을 머릿속에 줄 세워 확률을 매긴 뒤, 그중 하나를 고른다. 여기서 "어디까지를 후보로 볼 것인가"를 정하는 두 가지 방식이 Top-K와 Top-P(누클리어스 샘플링)다. 둘 다 후보군의 경계를 정하는 도구지만 기준이 다르다.

Top-K는 개수로 자르는 방식이다. 확률이 높은 순서대로 상위 K개 단어만 후보로 남기고, 나머지는 모두 제외한다. 회의에서 "우선 상위 30개 키워드만 놓고 얘기하자"라고 정하는 것과 비슷하다. K를 작게 두면 어휘 폭이 좁아져 문장이 더 안정적이고 보수적으로 나오기 쉽다. 다만 너무 작게 잡으면 표현이 답답해질 수 있다. 반대로 K를 아주 크게 두면 제약 효과가 거의 사라진다.

Top-P는 확률(비율)로 자르는 방식이다. 확률이 큰 단어부터 바구니에 담아 가다가, 바구니 안의 확률 합이 P(예: 0.9)에 도달하면 거기서 멈춘다. 그래서 문맥에 따라 후보의 개수는 달라진다. "확률이 높은 표현 몇 개로 이미 90%가 채워지면 후보가 적어지고, 확률이 고르게 퍼져 있으면 후보가 자연스레 넓어진다"는 뜻이다. 여기서 P는 각 단어의 문턱값이 아니라, 후보군 전체가 얼마나 채워졌는지를 가리키는 퍼센트라는 점을 기억해 두면 이해가 쉽다.

두 방식을 비교하면 이렇다. Top-K는 항상 같은 개수만 남기므로 형태가 일정하게 유지되길 바랄 때 유용하다. 예컨대 제품 스펙 설명처럼 문장 틀이 고정된 글에서는 상위 후보 몇 개만 보게 하는 것이 도움이 된다. Top-P는 텍스트의 분포에 상황에 따라 적응하므로, 브랜드 톤은 지키되 과도한 우연성을 줄이고 싶을 때 쓰기 좋다. 실무에서는 보통 Top-P만으로도 충분한 경우가 많고, 특별히 틀을 단단히 고정하고 싶을 때만 Top-K를 곁들인다. 두 값을 동시에 너무 엄격하게 걸면 문장이 과도하게 답답해질 수 있으므로 주의한다.

많이 혼동하는 부분이 하나 있다. Temperature와의 관계다. 간단히 말해, Top-K/Top-P는 "들여보낼지 말지"를 정하는 문지기이고, Temperature는 "들여보낸 후보들 중 무엇을 더 선호할지"를 정하는 성격 조절 장치다. 보통은 Top-P로 후보군의 허용 구역을 먼저 정하고, Temperature로 일관성↔다양성의 균형을 맞춘다.

패션 실무에 대입해 보면, 룩북 캡션처럼 톤을 유지하되 살짝 다르게 쓰고 싶다면, Top-P를 중간 정도(0.8~0.95 사이)로 두고 Temperature를 중간값에서 조절하면 자연스러운 변주가 나온다. 반대로 제품 설명처럼 형식이 고정된 문장은 Top-K로 상위 후보의 개수를 적당히 묶어 두면 표현이 들쭉날쭉해지는 일을 줄일 수 있다.

핵심을 정리하면 이렇다. Top-K/Top-P는 후보군의 경계를 정하는 도구, Temperature는 그 경계 안에서 선택 성향을 정하는 도구다. 목적이 '틀을 지키며 안정적으로 쓰기'인지, 아니면 '톤을 유지하면서 자연스러운 다양성을 내기'인지 먼저 정하고, 그 목적에 맞춰 이 세 가지를 차례로 만지면 된다.

Max Length: 출력 길이 제한

최대 출력 길이(Max Length)는 LLM이 생성하는 텍스트의 총 길이를 토큰(token)이라는 단위로 명시적으로 제한하는, 일종의 강제 정지 명령이다.

이 값이 따로 설정되지 않으면 LLM은 자의적 판단에 따라 출력을 지속하거나 불필요한 내용을 덧붙일 수 있다. 따라서 작업의 목적에 맞춰 길이를 명시적으로 설정함으로써, 정보의 누락이나 불필요한 자원 낭비를 방지하고 결과물의 완결성을 확보할 수 있다. 이처럼 각 파라미터의 수학적 역할을 이해하고 조합하는 것은 LLM이라는 정교한 계산기를 사용자의 의도에 맞게 활용하는 데 꼭 필요하다.

실제 환경에서의 LLM 모델 선택

패션 기획에 LLM을 적용하려면, 자체 개발보다 이미 공개된 모델을 선택해 쓰는 것이 현실적이다. 선택지는 대체로 두 갈래다. 하나는 온라인 기반의 상용 서비스로, 별도의 장비 없이 곧바로 사용할 수 있고 긴 대화와 대용량 문서를 안정적으로 다룬다는 점에서 초기 도입에 유리하다. 다른 하나는 사내(로컬) 운용으로, 데이터 통제 측면의 장점이 있으나 성능 유지와 최적화에 대한 기술 · 비용 부담이 크다. 패션 기획은 콘셉트 설명, 레퍼런스, 피드백 기록이 장문으로 이어지는 경우가 많으므로, 충분한 컨텍스트 길이와 안정적인 응답 품질을 우선 기준으로 삼는 편이 합리적이다.

모델 선택 시에는 업무 적합성, 품질과 속도, 비용, 데이터 처리 · 보안, 그리고 약관을 함께 본다. 업무 적합성은 여러 문서와 이전 대화를 끊김 없이 참고하는지, 한글 · 영문을 자연스럽게 처리하는지, 도구 연동이 필요한 경우 이를 지원하는지로 판단한다. 품질과 속도는 실제 기획 문서로 시험해 사실성, 서술의 매끄러움, 응답 지연을 확인한다. 비용은 월간 사용량을 가정해 예산 내에서 운용 가능한지, 피크 상황에서도 예측 가능성이 있는지 검토한다. 데이터 처리 · 보안은 입력과 출력이 저장 · 학습에 재사용되는지 여부, 보관 위치와 기간, 암호화와 접근 통제의 수준을 문서로 확인해야 한다. 마지막으로 약관은 생성물의 상업적 활용 범위, 금지 용도, 다른 도구와의 연계 허용 여부, 조건 변경 통지 정책까지 세부적으로 점검한다. "무료"나 "공개 모델"이라는 표현만으로 상업적 이용이 보장되는 것은 아니며, 연구용 제한이나 생성물 사용 제한이 포함된 사례도 존재한다.

참고로, 국내의 한 공개 LLM(이하 '모델 A')은 라이선스상 연구 목적만 허용하고 생성물의 상업적 이용을 금지한다. 더불어 타 도구와의 연계 사용을 제한하며, 제공사가 웹 고지만으로 이용 조건을 변경할 수 있다는 조항을 포함한다. 이러한 조건에서는 모델 A로 작성한 기획안, 제품 설명, 마케팅 문구를 웹사이트나 광고에 사용하는 행위, 혹은 다른 생성 도구에 다시 투입해 2차 제작을 하는 행위가 모두 위반이 될 수 있다. 실무에서는 계약서상 '상업적 활동'의 범위, 생성물 권리 귀속, 변경 통지 방식과 유예기간을 반드시 확인하고, 불확실성이 큰 경우에는 상업적 사용을 명시적으로 허용하는 상용 모델 또는 적절한 오픈 라이선스를 채택하는 편이 안전하다.

도입 절차는 간단하고 일관되게 운영하는 것이 중요하다. 소규모 파일럿을 구성해 자사 기획서와 실제 질문으로 시험하고, 품질 · 속도 · 비용을 수치로 기록한 뒤, 법무 · 보안과 함께 상업적 사용과 데이터 처리 조항을 확인한다.

참고문헌

LG AI연구원(2025). "EXAONE-4.0 라이선스". https://github.com/LG-AI-EXAONE/EXAONE-4.0/blob/main/LICENSE

Hyrkas, E.(2023.12.5). How to Tune LLM Parameters for Top Performance: Understanding Temperature, Top K, and Top

P. phData.
https://www.phdata.io/blog/how-to-tune-llm-parameters-for-top-performance-understanding-temperature-top-k-and-top-p/

IBM(2023.9.1). What Are AI Hallucinations?.
https://www.ibm.com/think/topics/ai-hallucinations

Vaswani, A. et al.(2017). Attention is all you need. *Advances in Neural Information Processing Systems, 30*, pp.6000~6010.

Wang, M. et al.(2024). Leave No Document Behind: Benchmarking Long-Context LLMs with Extended Multi-Doc QA. *Proceedings of the 2024 Conference on Empirical Methods in Natural Language Processing*, pp.5627~5646.

04
RAG와 데이터베이스

RAG 기술을 통해 과거 컬렉션이나 디자인 철학 등 축적된 데이터를 AI의 지식으로 활용하는 원리를 설명한다. 이를 통해 특정 맥락을 이해하고 답변하는 전문 AI를 구현하는 방법을 다룬다.

청각장애인과 AI?

RAG의 의미

RAG(Retrieval-Augmented Generation)는 검색-증강-생성을 의미한다. 검색(Retrieval)은 사용자가 구축한 전용 데이터베이스에서 관련 정보를 찾는 과정이고, 증강(Augmented)은 이렇게 찾은 정보를 LLM에 추가 맥락으로 제공하는 단계이며, 생성(Generation)은 이 맥락 정보를 바탕으로 LLM이 답변을 생성하는 과정이다. 즉, RAG라는 용어 속에 전체 시스템의 작동 원리가 모두 담겨 있는 것이다.

RAG의 가장 큰 장점은 명확한 출처 기반의 답변 생성에 있다. 일반 LLM은 사전 학습된 지식만으로 추론하기 때문에 할루시네이션이 발생할 수 있지만, RAG는 실제 문서를 근거로 답을 만들고, 사용자가 그 문서를 직접 확인할 수 있어 신뢰도와 검증 가능성이 높다. 파인튜닝과 비교했을 때 RAG의 효율성은 더욱 명확해진다. LLM 모델 자체의 파인튜닝은 단순히 특정 자료를 넣는 것이 아니라 데이터 설계 · 정제 · 라벨링 등 준비 공정이 크고, 학습에 상당한 컴퓨팅 자원이 필요하며, 결과가 기대에 못 미치는 경우도 적지 않다. 반면 RAG는 기존 문서를 그대로 활용하고, 새로운 정보가 생기면 데이터베이스에 문서를 추가하는 것만으로 시스템을 즉시 업데이트할 수 있다. 특히 할루시네이션 점검 측면에서, 파인튜닝은 모델 내부의 학습 경로를 역추적하기 어렵지만 RAG는 참조 문서를 명시하므로 레퍼런스 체크가 용이하다.

패션 분야에서의 RAG는 브랜드 고유의 지식을 전용 지식 창고로 정리해 두고, 실무 질문이 들어오면 그 자료를 근거로 답을 생성하는 방식으로 운용된다. 일반적인 유행 정보에 기대는 대신, 브랜드가 축적해 온 디자인 철학, 과거 컬렉션 기록, 소재·공법 노트, 트렌드 분석 보고서와 같은 내부 문서를 먼저 검색하고, 그 결과를 LLM에 맥락으로 제공해 제안을 생성한다.

복식 고증 자료(시대별 착장 규범, 유물 해설, 박물관 캡션, 의례별 착장 지침, 전통 염색·직물 정보)를 전용 지식 창고로 구축한다. 각 문서에는 시대(전·후기 조선 등), 용도(예복/길복/상복/일상복), 착용자(성별·연령), 구성(저고리·치마·바지·두루마기 등), 비례 규칙(저고리 길·고름 위치·배래 곡선), 색채 체계(오방색, 길상색), 소재·조직(명주·모시·갑사 등), 계절성, 장신구 규칙(노리개·댕기·띠) 등의 메타데이터를 부착해 검색 가능성을 높인다. 질문이 들어오면 RAG는 이 자료를 우선 검색해 근거 문장과 함께 LLM에 전달하고,

LLM은 해당 규범을 준수하는 범위에서 현대적 변형안을 제시한다.

예를 들어 "봄 혼례 촬영용 현대 한복-전통 감도 유지, 활동성 강화"와 같은 요청에 대해, 시스템은 혼례 착장의 색 · 장식 규범과 신부 예복의 실루엣 · 기장 · 고름 처리, 사용 가능한 직물 · 계절성, 장신구 개수와 위치 등에 관한 문서를 찾아 맥락으로 제공한다. 결과적으로 제안은 팔레트(전통 색 체계 안에서의 조합), 소재(봄철 적합한 경량 직물), 비례(저고리 길이와 치마 볼륨의 균형), 디테일(고름 처리, 노리개 사용 범위) 같은 항목을 근거와 함께 정리해 제시한다. 반대로 상복 요소와 색을 혼용하거나, 사극 예복의 장식을 일상복에 이식하는 등 시대 · 의례에 어긋나는 조합은 근거 문헌에 따라 자동으로 경고 · 배제된다.

고객 응대나 스타일링 제안에서도 라인별 핏 블록, 색상 팔레트, 금칙 표현, 케어 규정, 가격대 정책 같은 내부 기준을 즉시 참조해, 일반론이 아니라 브랜드답고 실행 가능한 추천을 제공한다.

RAG의 기술 구조

RAG 시스템은 벡터화 기술을 기반으로 작동한다. 벡터

화란 텍스트나 이미지를 다차원 공간의 좌표로 변환하는 과정으로, 쉽게 말해 텍스트나 이미지를 컴퓨터가 이해할 수 있는 숫자 좌표로 바꾸는 과정이다. 같은 뜻이나 가까운 개념은 좌표 공간에서 가까운 자리에, 다른 뜻은 먼 자리에 놓인다. 이 덕분에 기존의 키워드 매칭 방식을 넘어서 의미 기반 검색이 가능해진다.

키워드 기반 검색의 한계를 패션 분야 예시로 살펴보자. 키워드 검색은 '반회장 저고리'라는 글자가 그대로 들어간 문서만 보여 준다. 하지만 벡터 기반 검색은 질문을 숫자 좌표로 바꾸어, 좌표가 가까운 문서까지 함께 제시한다. 키워드 '반회장 저고리'를 넣으면, 벡터 검색은 '회장 저고리(일반), 삼회장 저고리, 끝동 배색 규칙, 깃 · 동정 색 배합'처럼 디테일 · 유형이 직접 연결된 문단까지 함께 찾아 준다. 이는 벡터 공간에서 유사한 위치에 배치된 개념들 간의 수학적 거리를 계산하여 연관성을 판단하기 때문이다. 패션처럼 용어가 여러 표현으로 섞여 쓰이고, 같은 아이템도 시대 · 라인 · 용도에 따라 미묘하게 달라지는 분야에서는, 벡터화 덕분에 표현이 달라도 맥락이 통하는 자료를 놓치지 않을 수 있다. 정리하면, RAG는 문서를 벡터로 정리해 의미 기준으로 검색하고, 그 결과를 근거와 함께 LLM에 전달해 신뢰 가능한 답을 내게 하는 구조다.

임베딩

임베딩(embedding)은 텍스트를 숫자 좌표로 바꾸어, 의미가 비슷한 문장은 좌표 공간에서 가깝게, 다른 문장은 멀리 떨어지도록 배치하는 기술이다. RAG가 키워드 일치에 의존하지 않고도 "맥락이 통하는 자료"를 찾아올 수 있는 이유가 여기에 있다.

임베딩 전에 두 가지 준비가 필요하다. 먼저 토큰화다. 토큰화는 문장을 컴퓨터가 다루기 좋은 작은 단위로 나누는 과정인데, 한국어처럼 형태 변화가 많은 언어에서는 앞뒤 맥락을 함께 고려하지 않으면 뜻이 틀어질 수 있다. "저고리의 '무' 길이를 조정한다"에서 '무'는 겨드랑이 아래 삼각 거셋을 가리키지만, 문맥을 잃으면 채소 '무'로 오인될 수 있다. 따라서 단어를 기계적으로 쪼개기보다, 문장 경계와 주변 단어를 함께 보며 의미 단위가 무너지지 않게 나누어야 한다.

그다음은 청킹(chunking)이다. 토큰화로 나뉜 조각을 다시 하나의 의미가 온전히 유지되는 길이로 묶는 단계다. 너무 잘게 묶으면 뜻이 흐려지고, 너무 크게 묶으면 검색 정밀도가 떨어진다. 보통 짧은 단락을 한 묶음으로 만들고, 앞뒤 한두 문장을 조금씩 겹치게 넣어 맥락이 끊기지 않도록 한다. 핵심은 "한 묶음 안에서 질문에 답할 핵심 정보가 자립적으로 읽히는가"를 기준으로 삼는 일이다.

문서 성격에 따라 청킹 방식은 달라져야 한다. 디자인 설명서는 실루엣, 기장, 넥·소매, 디테일, 원단, 케어처럼 함께 판단해야 하는 항목이 하나의 묶음 안에 모이도록 구성하는 편이 정확하다. 소재 데이터베이스는 소재명, 혼용률, 특성, 권장 용도, 적용 시즌을 한 세트로 묶어 정보가 서로 흩어지지 않게 한다. 트렌드 보고서는 시즌이나 카테고리 단위로 나누어 시간적 맥락이 보존되도록 하고, 판매 통계나 사이즈 표처럼 숫자가 중심인 자료는 표 머리글과 함께 행·열의 의미 단위로 세분해 주어야 해석이 가능하다. 앞서의 '무' 사례처럼, "무를 보았을 때"와 같은 파편적인 구절만으로 묶음을 만들면 임베딩이 제 역할을 하기 어렵다.

임베딩의 품질은 입력의 정리 수준에 좌우된다. 중복을 제거하고, 오타를 바로잡고, 네이비/남색, 슬랙스/팬츠처럼 혼용되는 표현은 한 체계로 통일해 두어야 한다. 문서 제목, 작성 시점, 시즌, 카테고리, 관련 제품 코드 같은 메타데이터를 함께 저장하면, 임베드된 묶음이 더 정확히 검색되고 근거로 인용되기 쉽다.

리트리버 시스템

리트리버(retriever)는 주인이 던진 원반을 물어오듯, 벡터화된 데이터베이스에서 질문과 맞는 자료를 골라 가져오는 핵심 구성 요소다. RAG의 성패는 결국 "필요한 문단을 얼마나 정확히, 얼마나 빠르게" 집어오는지에 달려 있으므로, 리트리버의 방식이 전체 품질을 좌우한다.

자료를 찾는 방법은 크게 두 갈래로 이해하면 쉽다. 첫째는 의미 기반 탐색이다. 앞서 임베딩으로 문서와 질문을 숫자 좌표로 바꿔 두었다면, 리트리버는 좌표 사이의 거리를 계산해 가까운 문단을 가져온다. 표현이 달라도 뜻이 비슷하면 가까이 모이므로, '케이블 니트'와 '꽈베기 니트'처럼 말만 다를 뿐 의도가 같은 검색에도 강하다. 둘째는 키워드 기반 탐색이다. 사전에서 단어를 찾듯이 정확한 단어, 제품 코드, 소재명에 반응해 결과를 돌려준다. 'GORE-TEX'나 'Nike x sacai'처럼 정확히 일치해야 하는 항목을 찾을 때 특히 유용하다. 패션 실무에서는 두 방식이 서로 보완 관계다. 콘셉트나 문장형 질문은 의미 기반이 유리하고, 정해진 명칭이나 규격을 찾을 때는 키워드 기반이 더 정확하다.

실제 시스템은 두 방식을 섞어 쓴다. 먼저 키워드로 큰 범위를 좁혀 계산 양을 줄이고, 그 안에서 의미 기반으로 문맥이 가장 가까운 문단을 고르는 식이다. 예를 들어 "우리 브랜드 톤을 유지한 26SS 여성 테일러드 재킷 제안"이라는 질문이 들어오면, 리트리버는 우선 '테일러드 재킷', '여성 26SS/과거 SS 자료' 같은 신호로 후보 문서를 1차로 모은 뒤, '브랜드 톤', '라펠 폭 · 버튼 위치 · 허리 다트'처럼 내용상 가까운 단락을 의미 기준으로 선별한다. 이렇게 뽑힌 문단들은 다시 한번 정리 단계(리랭크)를 거친다. 리랭크는 여러 후보 가운데 질문에 가장 직접적으로 답이 되는 순서로 재배열해 주는 편집자에 가깝다. 중복되거나 주변적인 내용은 뒤로 밀리고, 실제로 인용 가치가 높은 문단이 앞쪽에 배치된다.

좋은 리트리버는 '많이 가져오는 것'보다 '딱 맞는 근거를 깔끔하게 가져오는 것'에 강하다. 동일 제품의 각도만 다른 설명, 시즌이 다른 유사 문장, 팔레트 명칭이 섞인 항목처럼 혼동을 부르는 자료는 아래로 내려 보내고, 질문과 바로 연결되는 규정 · 수치 · 정의가 담긴 단락을 위로 올린다. 그 결과 LLM은 콘셉트 설명, 브랜드 톤 가이드, 핏 블록 규칙, 소재 · 케어 기준 같은 핵심 근거를 먼저 받아 보고, 그 위에서 신뢰 가능한 답을 작성할 수 있다. 패션 분야처럼 표현이 다양하고 규정과 맥락이 중요한 도메인에서는, 이와 같은 하이브리드 검색과 리랭크의 조합이 일관성과 정확도를 동시에 끌어올리는 가장 실용적인 해법이다.

벡터 데이터베이스와 솔루션

RAG 시스템을 제대로 쓰려면 '벡터'를 빠르게 저장하고 비교하는 연산이 핵심이 된다. 이런 고차원 벡터 연산은 전통적인 관계형 데이터베이스로 처리하기 어렵기 때문에, 벡터 검색에 맞게 설계된 전용 저장소, 즉 벡터 데이터베이스를 사용한다.

벡터 데이터베이스는 문장이나 이미지에서 뽑아낸 임베딩을 저장하고, 질문의 임베딩과 유사도(예: 코사인 유사도 · 내적)를 빠르게 계산해 가까운 이웃을 찾아낸다. 대규모 데이터에서도 지연을 줄이기 위해 근사 최근접 탐색 같은 전용 인덱싱을 활용하는 것이 일반적이다.

오픈소스 예로 FAISS가 널리 쓰인다. 대규모 벡터 집합을 메모리와 디스크에 효율적으로 담고, 유사한 벡터를 빠르게 찾아오는 기능을 제공한다. 클라우드에서 바로 관리형 서비스를 쓰고 싶다면 Pinecone처럼 인프라와 스케일링을 대신 처리해 주는 선택지도 있다. 최근에는 임베딩 모델, 검색, 재정렬까지 한 번에 제공하는 통합 RAG 솔루션도 보급되고 있다. 예를 들어 Cohere는 임베딩-검색-리랭크를 API로 묶어 제공하고, 국내의 Upstage는 한국어 강점을 살린 임베딩과 RAG 구축 도구를 함께 제공한다. 이런 제품을 쓰면 초기 구성의 복잡도를 낮출 수 있다는 장점이 있다.

패션 기업이 솔루션을 고를 때는 도메인 특성을 먼저 대입하는 편이 안전하다. 룩북 · 상품 상세 · 리뷰처럼 이미지와 텍스트가 함께 움직이는 데이터가 많으므로, 텍스트만이 아니라 이미지까지 같은 공간에서 비교할 수 있는 멀티모달 임베딩 지원이 실제 품질을 좌우한다. 컬렉션 공개, 시즌 전환, 재입고처럼 지식이 자주 바뀌는 만큼, 문서를 넣자마자 색인과 유사도 검색이 갱신되는 실시간(또는 근실시간) 업데이트도 중요하다. 글로벌 전개가 있다면 다국어 임베딩과 언어 간 검색(한국어 질문으로 영문 자료 찾기 등)의 자연스러움이 필수다. 마지막으로, 색상 · 카테고리 · 시즌 · 가격대 같은 메타데이터 필터와의 결합, 보안 영역 분리, 비용 예측 가능성, 응답 지연과 가용성 같은 운영 품질을 함께 점검해야 한다. 요약하면, 패션 데이터를 다루는 RAG에서는 멀티모달 · 실시간성 · 다국어 · 메타데이터 결합 능력이 선택의 기준이 되며, 벡터 데이터베이스는 이 기준을 뒷받침하는 실행 엔진의 역할을 한다.

참고문헌

강동찬 외(2021). "한국어 다중추론 질의응답을 위한 Dense Retrieval 사전학습". 《한국정보과학회 언어공학연구회 2021년도 제33회 학술대회 논문집》, 588~591쪽.

이경록(2025). 《테디노트의 랭체인을 활용한 RAG 비법노트: 기본편 8단계 RAG 파이프라인으로 LLM 성능을 끌어올리는 RAG 기본부터 실제 챗봇 제작까지》. 리코멘드.

Cohere. https://cohere.com/

Douze, M. et al.(2024). The Faiss library. https://arxiv.org/abs/2401.08281

Gao, Y. et al.(2023). Retrieval-Augmented Generation for Large Language Models: A Survey. https://arxiv.org/abs/2312.10997

Lewis, P. et al.(2021). Retrieval-Augmented Generation for Knowledge-Intensive NLP Tasks. *Advances in Neural Information Processing Systems, 33*, pp.9459~9474.

Meta AI Tools. https://ai.meta.com/tools/faiss/

Pinecone. https://www.pinecone.io/

05

이미지 생성 모델과 프롬프트 엔지니어링

아이디어를 이미지로 구현하는 생성 모델의 기초 활용법을 다룬다. 의상의 종류, 소재의 질감, 스타일 등 원하는 요소를 텍스트 프롬프트로 정교하게 구현하는 기술적 전략을 소개한다.

AI 콘텐츠 크리에이터?

패션 디자인을 위한 AI 이미지 생성 기술

패션 디자인에서 아이디어를 눈에 보이는 형태로 바꾸는 일은 오랫동안 스케치, 패턴, 가봉 샘플을 통해 이루어졌다. 생성형 AI는 이 구간을 크게 단축한다. 봄 컬렉션을 위한 플로럴 패턴 드레스라는 막연한 아이디어를 다양한 실루엣과 색상 조합으로 구체화하고, 여러 방향으로 발전시켜 가장 흥미로운 콘셉트를 찾아내는 과정이 몇 분 만에 완료된다.

단순히 '예쁜 드레스'라고 입력하는 것과 'A-line midi dress in navy blue crepe fabric with three-quarter sleeves'라고 입력하는 것 사이에는 결과물의 품질과 정확도에서 현저한 차이가 나타난다. 각 이미지 생성 모델이 서로 다른 기술적 구조와 학습 방식을 가지고 있기 때문이다. 패션 디자이너가 AI 도구를 활용하기 위해서는 모델별 특성을 이해하고, 의도한 결과를 얻기 위한 체계적인 프롬프트 작성 전략을 습득해야 한다.

주요 이미지 생성 모델의 특성

현재 패션 디자인 작업에서 활용 가능한 주요 이미지 생성 도구들은 각각 서로 다른 특징을 가진다.

먼저 미드저니는 디스코드 기반으로 성장한 서비스

로, 2022년 콜로라도 주립박람회 디지털 아트 부문에서 Jason Allen의 〈Theatre D'opera Spatial〉이 1위를 차지하며 대중적 인지도를 확보했다. 현재는 웹에서도 생성 기능을 제공하지만(계정 로그인 필요), 공식 공개 API는 제공하지 않아 대규모 자동화 파이프라인을 직접 구성하기에는 제약이 있다. 이 때문에 미드저니는 "프롬프트→대화형 생성→수동 다운로드"라는 인터랙션이 중심이 되고, 배치 처리 · 시스템 연동은 상대적으로 어려운 편이다. 품질 측면에서는 조명 · 질감 표현이 강점으로 알려져 있으나, 파라미터 레벨의 세밀 제어보다는 프롬프트 설계와 스타일 참조를 통한 간접 제어가 실무 포인트다.

SDXL(Stable Diffusion XL)은 Stability AI가 공개한 개방형(text-to-image) 모델로, 기본 해상도 1024×1024, 베이스-리파이너의 2단 구성, 그리고 두 개의 텍스트 인코더(OpenCLIP ViT-G/14와 CLIP ViT-L)를 병용하는 구조가 특징이다. 이전 세대 대비 UNet 백본(backbone)이 약 3배 규모로 커졌고, 프롬프트 이해와 색 · 명암 · 재질 표현력이 개선되었다. 공개 가중치와 생태계(LoRA 미세학습, SDXL용 ControlNet/Control-LoRA 등)가 잘 갖춰져 로컬 · 클라우드 어디서나 파이프라인에 포함시키기 쉽다.

FLUX는 Black Forest Labs가 공개한 최신 계열로, 120억 파라미터급의 'rectified flow transformer' 아키텍처를 채택한다. 텍스트 인코딩은 CLIP과 T5 계열을 결합해 문장 구조와 스타일 신호를 정교하게 반영하며, 동일 계열 안에서 속도 지향형(schnell)과 연구·개발 지향형(dev), 상용 고급형(pro) 등 변형 모델을 제공한다. 공개 가중치(dev/schnell)는 오픈 생태계(Diffusers, ComfyUI, Replicate 등)에서 바로 운용할 수 있어, 프롬프트 순환 실험·워크플로 자동화·사내 툴 연동에 유리하다. 대규모 모델 특성상 VRAM 요구량이 높다는 점은 인프라 설계 시 고려해야 할 사항이다.

요약하면, 미드저니는 결과물의 심미성과 접근성이 강점이지만 공식 API 부재로 자동화·통합에 한계가 있고, SDXL은 개방형 생태계와 제어 확장(LoRA/ControlNet) 덕분에 파이프라인 편입이 쉽다. FLUX는 최신 아키텍처와 고용량 모델로 품질·프롬프트 충실도가 높아졌으며, 공개 가중치를 축으로 한 도구 연동성이 실무 운영에 유효하다. 어떤 도구를 선택하든 패션 현장에서는 "품질(질감·실루엣 충실도)-제어성(반복 가능성·파라미터화)-연동성(API/가중치 접근)"의 세 축을 브랜드 목표와 인프라 여건에 맞춰 균형 있게 평가하는 것이 합리적이다.

이미지 생성 과정의 기술적 이해

이미지 생성형 AI의 작동 원리를 이해하면 프롬프트를 쓰는 일과 결과를 해석하는 일이 한결 수월해진다. 전체 흐름은 텍스트 인코더가 글을 숫자 표현으로 바꾸고, 생성 모델이 무작위에서 점차 이미지를 세워 올리며, 마지막에 VAE가 잠재 표현을 실제 픽셀 이미지로 복원하는 과정으로 정리할 수 있다.

이 세 단계가 서로 맞물려 돌아가며, 특히 복원 단계의 품질은 원단의 결이나 스티치 같은 미세 디테일의 또렷함에 직접적인 영향을 준다.

여기서 가장 오해가 많은 개념이 '노이즈'다. 노이즈는 화면에 먼지를 뿌리는 물리적 행위가 아니라, 모델이 출발점으로 삼는 무작위 신호의 집합에 가깝다. 학습 과정에서는 깨끗한 이미지에 노이즈를 여러 단계에 걸쳐 조금씩 더해 본래 정보를 감추고, 각 단계에서 어느 정도의 노이즈가 섞였는지 예측하도록 반복 훈련한다. 이렇게 단계별 노이즈의 규칙을 충분히 익힌 모델은 생성할 때 완전히 무작위인 상태에서 출발해 한 걸음씩 노이즈를 덜어 내며 의미 있는 구조를 드러낸다. 초반에는 실루엣과 큰 색 덩어리처럼 덩치 큰 요소가 먼저 자리 잡고, 후반으로 갈수록 원단 표면의 미세한 결이나 스티치 라인, 버튼과 포켓의 경계선처럼 작은 요소가 선명해진다. 그래서 프롬프트를 쓸 때도 큰 결정을 먼저 적고 세부는 뒤로 보내면 모델이 실제로 이미지를 세우는 리듬과 잘 맞는다.

텍스트 인코더의 성향은 프롬프트 스타일에 그대로 반영된다. SDXL은 두 개의 CLIP 계열 인코더를 함께 사용해 핵심 속성 토큰을 안정적으로 뽑아낸다. 이 성격 덕분에 콤마로 구분한 키워드 나열이 효과적이며, 정말 중요한 정보일수록 문장 앞부분에 두는 편이 안전하다. 예를 들어 재킷을 만들고 싶다면 이렇게 적을 수 있다. "Double-breasted jacket, 8 cm peaked lapels, low button stance, jetted pockets, chalk-stripe flannel, tailored fit, clean studio lighting." 드레스는 "Bias-cut midi slip dress, matte satin, gentle waist shaping, hidden back zipper, Ink/Sage palette, minimal backdrop, soft light" 처럼 큰 특징에서 작은 특징으로 내려오며 핵심만 모아 쓰는 방식이 안정적이다. SDXL은 기반 단계에서 장면의 뼈대를 세우고 뒤이어 세부를 가다듬는 운용이 일반적이므로, 프롬프트도 그 순서를 거스르지 않는 편이 좋다.

FLUX 계열은 텍스트를 보다 길고 자연스러운 문장으로 이해하는 데 강점이 있다. 문장 속의 관계와 동작, 배치 정보까지 부드럽게 반영되므로, 짧은 키워드보다 문장형 서술이 의도를 더 또렷하게 전달한다. 같은 재킷을 지시한다면 이렇게 풀어 쓸 수 있다. "A double-breasted jacket in chalk-stripe flannel features 8 cm peaked lapels, a low button stance, and neatly jetted pockets; the tailored silhouette reads crisply under clean studio lighting." 드레스는 "A bias-cut midi slip dress in matte satin drapes with gentle waist shaping; a hidden back zipper preserves a clean line, while an Ink/Sage palette sits softly against a minimal backdrop"처럼 장면과 분위기를 함께 적어 주면 모델이 초반 단계에서 실루엣과 색의 덩어리를 안정적으로 고르고, 후반 단계에서 질감과 마감을 흔들림 없이 쌓아 올린다. 요령은 간단하다. 앞 문장에 실루엣과 소재, 구조 같은 큰 결정을 배치하고, 뒤 문장에 조명과 배경, 구도 같은 연출 신호를 덧붙인다.

마지막 단계의 VAE는 잠재 공간에서 완성된 이미지를 픽셀로 되살리는 복원기다. 새로운 디테일을 만들어

낸다기보다 이미 생성 모델이 마련해 둔 정보를 손실을 최소화하며 되살리는 일에 가깝다. 같은 프롬프트라도 VAE의 선택에 따라 선명도와 색의 충실도가 달라질 수 있으니, 먼저 권장 VAE를 사용해 기준선을 잡고 필요하면 대체 VAE로 선명도와 색 정확도를 비교해 보는 절차가 도움이 된다. 특히 패션 이미지는 원단의 결, 스티치, 테크니컬 디테일 같은 고주파 정보에 민감하므로 이 선택이 결과의 완성도를 좌우하기 쉽다.

조건을 주어 버전을 탐색하는 방법도 간단히 짚어 두면 작업 효율이 오른다. 전형적인 워크플로에서는 같은 지시문을 두고 초기 무작위 신호의 시드만 바꾸어 여러 후보를 만든다. 더 정교한 변주가 필요하면 생성된 잠재 표현 사이를 부드럽게 잇는 보간을 통해 실루엣은 유지한 채 소재나 색 감각만 달리하는 식의 탐색도 가능하다. 이런 방식은 캠페인 룩의 톤을 고정하고 서브 룩을 빠르게 확장해야 하는 상황에서 특히 유용하다.

결과적으로 좋은 프롬프트는 모델이 이미지를 세우는 순서와 호흡을 존중한다. 큰 것에서 작은 것으로, 실루엣과 색의 덩어리를 먼저 못 박고, 그다음 소재의 표정과 봉제 디테일을 요청한다. SDXL에는 핵심을 콤마로 또렷하게 나열하고, FLUX에는 관계와 분위기를 한두 문장으로 자연스럽게 풀어쓴다. 마지막으로 VAE의 궁합을 점검해 선명도와 색을 잡아 주면, 같은 아이디어라도 실루엣이 먼저 단단히 서고 그 위에 디테일이 흔들림 없이 올라간다. 이런 루틴을 습관으로 만들면, 키워드형 버전과 문장형 버전을 나란히 시도해 모델의 해석 편향을 안정적으로 관리할 수 있고, 결과 선택과 수정의 속도도 눈에 띄게 빨라진다.

프롬프트 작성 전략

프롬프트는 추상적 형용사보다 구체적 표현에서 힘을 얻는다. "beautiful dress" 같은 표현은 선택지를 넓히기만 하므로, 패션 작업에서는 실루엣과 아이템 유형을 먼저 못 박고, 이어서 소재의 물성, 색의 관계, 봉제 · 부자재 · 마감 순으로 내려가는 식이 안정적이다. 이렇게 큰 것에서 작은 것으로 정리한 문장은 모델이 이미지를 세워 올리는 실제 디자인 흐름과도 잘 맞는다.

SDXL을 사용할 때는 키워드 중심의 압축 문장이 일관된 결과를 내는 경향이 있다. 독립적인 단서들이 또렷하게 읽히도록 콤마로 구분하고, 양보할 수 없는 핵심은 문장 앞머리에 둔다. 주제와 아이템, 소재와 색, 실루엣과 길이, 그리고 조명과 배경을 간결하게 잇는 구성이 무난하다. 예를 들면 "fashion photography, elegant evening gown, black silk satin, floor-length, off-shoulder sleeves, dramatic lighting, studio backdrop"처럼 핵심을 한 줄에 정리한다. 재킷을 지시할 때도 "double-breasted jacket, 8cm peaked lapels, low button stance, jetted pockets, chalk-stripe flannel, tailored fit, clean studio lighting"처럼 구조적 디테일을 짧은 구로 배치하면 토큰 낭비 없이 의도가 전달된다. SDXL은 Base 단계에서 큰 틀을 세우고 Refiner 단계에서 디테일을 다듬는 운용이 일반적이며, 기본 동작 · 권장 해상도가 1024×1024로 안내되는 만큼 예시도 이 스케일을 전제하고 있다. 이런 이유로 불필요한 수식은 덜어 내고 핵심 토큰을 앞쪽에 배치하는 "토큰 경제"가 특히 유효하다.

FLUX는 긴 문맥을 안정적으로 해석하는 특성 덕분에 한두 문장의 자연스러운 서술이 실무에서 좋은 결과를 내는 경우가 많다. 문장 초반에 실루엣과 소재 같은 큰 결정을 배치하고, 뒤에서 조명 · 배경 · 구도 같은 연출 정보를 더해 장면을 통째로 그려 주면 초반에는 구도와 색의 덩어리가, 후반에는 질감과 마감이 흔들림 없이 자리 잡는다. 예를 들어 "A model wearing an elegant black silk evening gown with off-shoulder sleeves walks gracefully on a minimalist runway under dramatic studio lighting"처럼 장면 자체를 서술하거나, 재킷의 경우 "A double-breasted jacket in chalk-stripe flannel features 8 cm peaked lapels, a low button stance, and neatly jetted pockets; the tailored silhouette reads crisply under clean studio lighting"처럼 구조와 연출을 하나의 문장으로 묶어 준다. 다만 문장이 길어질수록 핵심이 희석되므로 두 문장 이내로 응축하는 감각이 중요하다.

디테일을 요구할 때는 산업 표준 어휘가 정확도를 크게 끌어올린다. "big jacket" 대신 "oversized boyfriend blazer", "tight dress" 대신 "bodycon midi dress"처럼 의미가 고정된 명칭을 쓰면 모델의 해석 폭이 깔끔히 좁혀진다. 소재는 명사만 나열하기보다 물성을 함께 지시하는 편이 낫다. "silk"보다는 "flowing silk chiffon"이 드레이프를, "structured silk taffeta"가 형태 유지력을, "crisp cotton poplin"이 장력과 표면감을 즉시 전달한다. 색 또한 단일 이름의 나열보다는 관계를 밝혀 주는 표현이 안정적이다. "tonal camel and bone with a subtle sage accent"처럼 주 · 보조 · 포인트의 위계를 드러내면 배색 의도가 결과에 그대로 반영된다.

연출 정보는 최소한으로도 충분하다. 의복 판독이 목적이라면 "clean studio lighting, neutral backdrop, slight three-quarter angle, shallow depth of field" 같은 짧은 한 구만으로도 결과의 변동 폭을 크게 줄일 수 있다. 디테일을 확인하려면 "close-up product shot"처럼 읽히는 스케일을 명확히 지시하고, 실루엣을 보려면 "full body, eye-level"을 덧붙여 카메라 거리와 시점을 고정한다. 조명이 지나치게 극적이면 봉제선과 텍스처가 묻힐 수 있으니, 디자인을 우선 읽히게 하려면 절제를 기본으로 삼는다.

이미지 생성형 AI에서의 프롬프트는 패턴 설계서처럼 동작한다. 비가역적인 결정인 카테고리와 실루엣, 주요 소재를 맨 앞에서 고정하고, 그 위에 색과 디테일을 얹고, 마지막으로 읽히는 환경을 마련하는 순서를 지키면 실루엣과 소재가 먼저 단단히 서고 그 위에 디테일과 마감이 흔들림 없이 쌓인다. SDXL에서는 압축된 키워드 열이, FLUX에서는 한두 문장의 장면 서술이 같은 의도를 다른 방식으로 안정적으로 구현한다.

네거티브 프롬프트와 가중치 조절

네거티브 프롬프트는 생성 과정에서 포함되길 원치 않

는 요소를 명시적으로 배제하여 모델의 선택 범위를 정리하는 지시문이다. 본문 프롬프트가 '무엇을 만들 것인가'를 규정한다면, 네거티브는 '무엇을 만들지 말 것인가'를 짧게 못 박아 잡음을 줄이고 실패 확률을 낮춘다.

이 도구가 필요한 이유는, 모델이 우리가 적은 단어를 부정이든 긍정이든 먼저 '존재'로 환기하는 경향이 있기 때문이다. 따라서 본문에서 "don't draw a moon"처럼 직접 부정하면 오히려 'moon'이 강하게 호출되어 엉뚱한 결과가 날 수 있다. 배제는 네거티브 입력란에서 처리하고, 장면 규정은 본문에서 긍정적으로 서술하는 편이 안전하다.

SDXL처럼 네거티브 입력을 공식 지원하는 환경에서는, 본문에는 원하는 상태만 간결히 고정하고(예: "clean studio product shot, …"), 네거티브에는 배제할 대상을 원형 토큰으로만 짧게 적는다(예: "logo, text, watermark, blurry, low quality, distorted, deformed hands, extra limbs, unnatural proportions"). 본문에 "with logo"를 쓰면 로고를 넣으라는 뜻이 되고, "no logo" 같은 직접 부정도 토큰을 불필요하게 호출할 수 있으니 피한다. 네거티브를 과도하게 길게 나열하면 모델이 과도하게 위축되거나 다른 신호를 눌러 부작용이 생길 수 있으므로, 공통 리스크만 최소한으로 다루는 것이 좋다.

가중치 조절은 SDXL에서 미세 조정에 유용하다. 대다수의 지원 도구에서는 "(silk chiffon:1.2)"처럼 괄호와 숫자로 특정 요소의 영향력을 살짝 올리거나, "(sheer fabric:0.9)"처럼 낮춰 균형을 맞출 수 있다. 값은 보통 1.05~1.30 사이에서 얕게 움직이는 편이 안정적이며, 과도한 수치는 다른 정보들을 눌러 결과가 뒤틀릴 수 있다. 같은 목표를 임베딩 수준의 가중(예: weighted prompt/Compel 방식)으로도 달성할 수 있으니, 워크플로에 맞는 방법을 선택한다. 요지는 결정적 키워드 한두 개만 가볍게 조정하고, 나머지는 문장 구조와 정보 순서로 강조를 배분하는 태도다.

FLUX 계열은 전통적인 의미의 네거티브 프롬프트 입력을 공식적으로 제공하지 않는 구성이 많고, 별도 노드나 설정으로 비슷한 입력을 억지로 흉내 내도 체감 효과가 크지 않은 경우가 적지 않다. 따라서 같은 목적을 문장 내부의 긍정 제약으로 처리하는 편이 일관된 결과를 준다. 노출을 억제하려면 "a knee-length elegant dress with a modest neckline"처럼 길이와 목선, 분위기를 스펙으로 확정하고, 배경 잡음을 줄이고 싶다면 "on a minimalist runway under even studio lighting"처럼 배경과 조명을 원하는 상태로 못 박는다. FLUX에서는 숫자 가중치보다 문장 앞머리 배치, 핵심 명사 옆의 형용사 선택, 구도 · 조명 구절의 구체화가 더 강하게 작동하므로, 강조할 개념은 문장 초반에 두고 "a sharply tailored silhouette reads clearly under soft, even light"처럼 읽히는 조건을 명확히 적어 준다.

결론적으로, 네거티브와 가중치는 만능 스위치가 아니라 마지막 정렬을 위한 미세 도구다. 장면의 성격과 미감은 본문에서 긍정적으로 규정하고, 피해야 할 위험만 네거티브로 짧게 눌러 준다. SDXL에서는 최소 네거티브와 얕은 가중치로 균형을 다듬고, FLUX에서는 문장 설계(위치 · 관계 · 수식)로 같은 목적을 달성하면, 앞서 정한 실루엣 · 소재 · 디테일 · 연출의 의도가 생성 전 과정에서 끝까지 흔들리지 않는다.

생성 품질을 결정하는 파라미터

텍스트 생성 모델에서 temperature나 top-p 같은 파라미터가 창의성과 일관성을 조절하듯이, 이미지 생성 모델에도 결과물을 제어하는 여러 파라미터가 있다. 이러한 파라미터를 이해하면 동일한 프롬프트로도 전혀 다른 분위기의 이미지를 만들 수 있다.

스텝 수는 노이즈 제거 과정의 반복 횟수를 뜻한다. 보통 약 25회의 샘플링 스텝이면 고품질 이미지를 얻기에 충분하며, 실제로 이미지를 생성해 보면 대부분의 샘플러에서 20스텝을 넘기면 이미지의 노이즈가 사실상 제거된다. 이는 마치 그림을 그릴 때 몇 번의 붓질로 완성할지를 정하는 것과 같다. 스텝 수가 너무 낮으면 디테일이 부족하고, 너무 높으면 과도한 디테일로 오히려 부자연스러운 결과가 날 수 있다.

CFG(Classifier-Free Guidance) 스케일은 프롬프트를 얼마나 엄격하게 따를지를 결정하는 프롬프트 충실도를 의미하는 값이다. 일반적으로 7~10 범위가 널리 쓰인다. 값이 낮을수록 모델에 더 많은 창의적 자유를 주고, 값이 높을수록 프롬프트를 더 정확히 따르게 된다. 다만 CFG가 너무 낮으면 의도와 다른 결과가 나올 수 있고, 너무 높으면 색이 과도하게 포화되거나 부자연스러운 대비가 나타날 수 있다.

이러한 파라미터들은 상호작용하므로 체계적인 테스트를 통해 최적의 조합을 찾아야 한다. 패션 디자인의 각 단계별로 목적에 맞는 설정값을 사전에 정의해두면 작업 효율성을 높일 수 있다. 예를 들어 초기 브레인스토밍 단계에서는 낮은 CFG와 적은 스텝으로 다양한 아이디어를 빠르게 생성하고, 최종 구체화 단계에서는 높은 CFG와 충분한 스텝으로 완성도를 끌어올리는 식이다.

이미지 생성 모델 선택

프롬프트와 파라미터를 다뤘다면 이제는 어떤 이미지 생성 모델을 쓸지 정해야 한다. 선택 기준은 단순하다. 품질, 제어권, 비용 구조, 그리고 사용 조건(상업 사용 가능 여부) 이 네 가지다.

모델 운용 방식은 두 가지다. 온라인 서비스형은 미드저니처럼 가입만 하면 곧바로 쓸 수 있어 시범 적용과 빠른 검증에 좋다. 다만 내부 과정을 세밀하게 바꾸기 어렵고, 결과를 미세 조정하는 데 한계가 있다. 로컬 실행형은 Stable Diffusion(SDXL, SD3 계열)이나 FLUX처럼 고성능 GPU에서 직접 돌리는 방식이다. 초기 세팅과 장비가 필요하지만, 프롬프트 해석부터 스케줄러, 노드 그래프, 후처리까지 작업 전 과정을 통제할 수 있다. 패션 작업은 보통 한 지시문으로 여러 이미지를 뽑아 비교 · 수정 · 재생성하는 반복 탐색이 핵심이기 때문에, 호출 비용이 누적되는 온라인 방식보다 로컬이 장기 운영비를 낮추기 쉽다.

패션 특성상 브랜드별 스타일을 학습(LoRA 등) 하고,

색 · 소재 · 실루엣 변형을 수시로 수행한다. 이때 로컬 모델은 확장성과 커스터마이즈에 강점이 있다. 다만 한 번 만든 LoRA와 각종 어댑터는 보통 특정 베이스 모델에 묶인다. 모델 세대나 계열을 바꾸면 재제작해야 할 가능성이 높으므로, 초기에 어떤 생태계에 투자할지 신중히 선택해야 한다.

사용 조건(라이선스) 은 특히 버전 변경과 함께 달라질 수 있다. 같은 계열이라도 버전 변경과 함께 상업 사용 제한이 새로 생기거나, 반대로 상업 사용 허용 범위가 넓어지는 식의 조정이 실제로 있었다. 예를 들어 SDXL은 공개 이후 실무에서 통상 상업 사용에 큰 제약이 없는 모델로 자리 잡아 제품 이미지 · 마케팅 비주얼 · 고객 응대 자료 등 폭넓게 쓰였다. SD3 계열은 발표 초기 상업 사용 제한과 대상 서비스 제공 제한 같은 강한 조건이 붙어 논란이 있었고, 이후 완화가 이뤄져 일정 매출 규모 이하에서는 상업 사용이 가능하도록 정리되었다. FLUX는 에디션에 따라 다르다. 일부는 비상업적 사용만 허용하는 경우가 있으니, 도입하려는 '그 버전'의 사용 조건을 실제 도입 시점에 확인하는 절차 한 번은 반드시 거쳐야 한다.

생태계 측면에서 보면 SDXL이 여전히 주력이다. 공

개된 LoRA와 컨트롤·노드 자산이 가장 두껍고, 주요 툴에서의 호환성·안정성이 검증되어 있다. SD3/SD3.5는 화질과 표현력에서 기대치가 높지만, 접근 방식과 세팅 난이도, 지원 도구의 편차로 인해 채택 속도는 SDXL보다 느리다는 것이 현장의 공통된 체감이다. FLUX는 결과 품질과 속도로 빠르게 존재감을 키우는 중이나, 앞서 말했듯 에디션별 사용 조건이 달라 상업 적용 전 확인이 필수다.

정리하면, 빠른 검증과 즉시성이 필요하면 온라인 서비스형, 세밀한 제어와 반복 탐색의 비용 효율이 중요하면 로컬 실행형이 맞다. 패션 워크플로에서는 로컬의 이점이 크게 체감되는 경우가 많고, SDXL 생태계가 현재 가장 안정적이다. 다만 어떤 모델이든 지금 쓰려는 '그 버전'의 상업 사용 가능 범위를 한 번만 정확히 확인하고 들어가면, 이후 파이프라인과 LoRA 자산을 흔들림 없이 오래 가져갈 수 있다.

참고문헌

Batifol, S. et al.(2025). FLUX.1 Kontext: Flow Matching for In-Context Image Generation and Editing in Latent Space. https://arxiv.org/abs/2506.15742

Black Forest Labs. https://bfl.ai/

Podell, D. et al.(2023). SDXL: Improving Latent Diffusion Models for High-Resolution Image Synthesis. https://arxiv.org/abs/2307.01952
Stability AI. https://stability.ai
Stable Diffusion Art. https://stable-diffusion-art.com/

06
LoRA를 통한 브랜드 스타일 학습

LoRA 기술로 이미지 생성 모델이 브랜드 고유의 스타일을 학습하는 원리를 다룬다. 디자인 특유의 실루엣, 텍스처, 색감 등을 모델에 학습시켜 차별화된 결과물을 얻는 방법을 설명한다.

AI와 민주주의?

LoRA의 적용

패션 산업에서 브랜드만의 고유한 스타일을 표현하는 것은 차별화의 핵심이다. 샤넬(Channel)의 트위드 재킷, 루이비통(Louis Vitton)의 모노그램 패턴, 이세이 미야케(Issay Miyake)의 주름 기법처럼 각 브랜드는 독특한 시각적 언어를 가지고 있다. 기존 이미지 생성 모델들이 일반적인 패션 이미지를 생성할 수는 있지만, 특정 브랜드의 미학이나 디자인 철학을 정확하게 재현하기는 어렵다.

이러한 문제를 해결하기 위해 구글에서 DreamBooth 라는 기술을 개발했다. DreamBooth는 몇 장의 이미지만으로 텍스트-이미지 디퓨전 모델을 개인화하는 새로운 접근법을 제시했다.

그러나 DreamBooth를 사용하면 특정 인물이나 브랜드의 특성을 효율적으로 학습시킬 수 있었지만, 여전히 중요한 한계가 있었다. 특정 개념을 훈련할 때마다 모델 전체를 다시 훈련시켜야 해서 엄청난 비용과 시간이 소요되었고, 완성된 모델 파일도 수십 기가바이트에 달해 공유나 관리가 어려웠다. 또한 학습된 개념별로 별도의 거대한 모델을 유지해야 하는 부담도 있었다.

LoRA(Low-Rank Adaptation) 기술은 DreamBooth의

이러한 한계를 해결하기 위해 등장했다. LoRA는 기존 모델을 완전히 새로 훈련하는 대신 작은 추가 모듈을 붙여서 새로운 스타일을 학습하는 방법이다. 이는 마치 기존 건물의 골조는 그대로 두고 내부 인테리어만 바꿔서 완전히 다른 분위기를 만드는 것과 같다. 기존 모델의 핵심 지식은 그대로 유지하면서도 특정 브랜드의 특성만 추가로 학습할 수 있어, 훨씬 적은 비용과 시간으로 맞춤형 모델을 만들 수 있다. LoRA 파일은 보통 몇 메가바이트(MB)에서 수백 메가바이트 정도로 매우 작아서 공유와 관리도 쉽다.

LoRA 학습 원리

LoRA 학습을 위해서는 세 가지 핵심 요소가 필요하다. 생성에 사용할 기반 모델, UNet이 학습할 이미지 데이터, 텍스트 인코더가 학습할 캡션이다. 앞서 설명했듯 UNet은 실제 이미지를 그려 내는 핵심 모듈이고, 텍스트 인코더는 프롬프트의 뜻을 수치 신호로 바꾸어 UNet에 전달한다.

UNet과 텍스트 인코더는 맡는 일이 다르다. UNet은 픽셀 · 질감 · 윤곽 같은 저수준 시각 정보를 정교하게 다루지만, 개념적 의미를 스스로 조직하는 데에는 한계가 있다. 쉽게 비유하면, UNet 안에는 "소매 곡선", "라펠 형태", "버튼 배치", "드레이프 결" 같은 부품 조각이 풍부하게 들어 있다. 그러나 어떤 조각을 언제 꺼내 어떻게 조립할지는 UNet 혼자서 결정하기 어렵다. 이때 텍스트 인코더가 "지시서" 역할을 한다. "우아한 이브닝드레스 –바이어스 컷, 미디 길이, 매트 새틴"이라는 프롬프트가 들어오면, 텍스트 인코더는 그 뜻을 수치로 바꾸어 UNet에 건네고, UNet은 그 신호를 따라 적절한 조각들을 선택·배치해 일관된 이미지를 만든다.

LoRA는 이런 조각과 지시를 가볍게 덧입혀 능력을 확장하는 방법이다. 대부분의 경우 LoRA는 UNet에 적용되어 시각적 어휘를 추가·보강한다. 특정 브랜드로 학습하면 그 브랜드 특유의 실루엣 조각, 디테일 조각(예: 피크드 라펠의 각도, 벨트 스티치 게이지), 팔레트 운용법 같은 조각이 새로 생기거나 선명해진다. 그 결과, 기존 모델이 만들기 어렵던 질감·라인·비례가 자연스럽게 재현된다. 반면 여러 요소를 상황에 맞게 정확히 조합하는 능력을 끌어올리고 싶다면 텍스트 인코더도 함께 학습하는 편이 효과적이다. 체형·연령감·무드처럼 추상도가 높은 조건, "코트 아래로 드레스가 은은하게 드레이프된다"처럼 관계·배치가 중요한 서술은, 새로운 조각을 추가하기보다 기존 조각을 더 정확히 고르고 엮는 능력을 키우는 것이 유리하기 때문이다.

정리하면, UNet은 "그릴 수 있는 것의 범위와 손맛"을 넓히는 쪽에 강하고, 텍스트 인코더는 "말을 더 잘 알아듣고 올바르게 조합하는 힘"을 키운다. LoRA를 어디에 적용할지는 목표에 따라 달라진다. 특정 브랜드 룩의 질감 · 디테일을 또렷하게 재현하려면 UNet 중심으로, 프롬프트의 미묘한 뉘앙스와 장면 관계를 더 정확히 반영하고 싶다면 텍스트 인코더를 병행한다. 두 축을 적절히 조합할 때, "브랜드 톤을 유지하면서도 새로운 카테고리로 확장하는" 패션 실무의 요구에 가장 근접한 결과를 얻을 수 있다.

핵심 학습 파라미터 설정

Train Batch Size(학습 배치 사이즈)는 한 번에 처리할 이미지의 개수를 의미한다. 배치 사이즈를 높일수록 VRAM을 더 많이 사용하는 대신 GPU를 효율적으로 활용할 수 있어 학습 속도가 빨라진다. 하드웨어 여유가 있다면 4 정도가 적당하고, VRAM이 충분하지 않다면 2나 1을 사용한다. 배치 사이즈가 너무 작으면 학습이 불안정해질 수 있고, 너무 크면 메모리 부족으로 학습이 중단

될 수 있다.

Epoch(에포크)는 전체 데이터 세트를 한 번 학습하는 단위를 의미한다. LoRA 학습에서는 일반적으로 6 에포크 이하로 설정하는 것을 권장한다. 에포크가 너무 많으면 과적합이 발생하여 다양성이 떨어지고, 너무 적으면 충분히 학습되지 않을 수 있다.

총 스텝 수는 학습의 전체 분량을 나타내며 '리피트×에포크×사진 수'로 계산된다. 일반적인 소형 학습 데이터로는 2000~5000스텝 정도가 적절하지만, SDXL은 학습 특성이 복잡해서 경험 많은 사용자도 적절한 총 스텝 수를 예측하기 어렵다. 따라서 에포크마다 중간 결과를 저장해서 가장 상태가 좋은 LoRA를 선별하는 것이 일반적이다.

Learning Rates는 모델이 얼마나 빠르게 학습할지를 결정하는 핵심 파라미터다. 값이 높을수록 학습이 빠르게 진행되지만 과학습의 위험이 있고, 너무 낮으면 학습이 제대로 되지 않거나 매우 오래 걸린다. UNet과 텍스트 인코더 각각에 별도의 학습률을 설정할 수 있으며, 일반적으로 UNet 학습률을 기준으로 텍스트 인코더 학습률을 절반 정도로 설정한다.

Network Rank와 Network Alpha는 LoRA의 크기와

학습 강도를 결정하는 파라미터로, 일반적으로 같은 값으로 설정한다. 값이 클수록 더 정확하게 LoRA에 학습 결과가 반영되지만, 너무 크면 파일 크기가 커지고 비효율적일 수 있다. 큰 LoRA가 반드시 좋은 품질을 보장하지는 않으므로 적절한 균형을 찾는 것이 중요하다.

과적합 방지 전략

학습률과 스텝을 잘못 조정하면 특정 LoRA의 영향이 너무 강해지는 문제가 발생한다. 이러한 과적합을 방지하기 위해 일반화 이미지를 함께 학습시키기도 한다. 예를 들어 특정 드레스 이미지를 학습시킬 때, 해당 브랜드 드레스와 함께 일반적인 드레스 이미지도 포함시켜서 모델이 기본적인 드레스 생성 능력을 유지하도록 하는 것이다.

VRAM이 부족하거나 텍스트로 표현하기 어려운 그림체를 학습시킬 때는 텍스트 인코더를 생략하고 UNet만 학습시키기도 한다. 이는 특히 추상적인 패턴이나 독특한 색상 조합처럼 언어로 설명하기 어려운 시각적 특성을 학습할 때 유용하다. UNet과 텍스트 인코더는 기본적으로 경쟁 관계에 있다. 배운 대로 그리려는 디자이너와 고증을 지키려는 기획자의 충돌 같은 상황으로 생각

하면 된다. 즉 입력으로 넣어준 노이즈와 텍스트 인코더가 넣어주는 가이던스는 서로 가려는 방향이 다르다. 이 과정에서 텍스트 인코더가 제대로 된 조합을 잘 안내해주지 못했거나 노이즈의 영향력이 너무 강하면 의도와 다른 그림이 나온다.

목적별 학습 접근법

패션 디자인에서 LoRA를 효과적으로 활용하려면 목적에 따라 전략을 달리해야 한다. 브랜드의 시그니처 실루엣이나 독특한 디테일 처리 방식을 학습시킬 때는 UNet 중심의 학습이 효과적이다. 반면 브랜드의 전반적인 미학이나 무드를 학습시킬 때는 텍스트 인코더를 함께 학습시키는 것이 좋다.

참고문헌

아카라이브 AI 그림 학습 채널 게시판. https://arca.live/b/hypernetworks

Hu, E. J. et al.(2021). LoRA: Low-Rank Adaptation of Large Language Models. https://arxiv.org/abs/2106.09685

Ruiz, N. et al.(2023). DreamBooth: Fine tuning text-to-image diffusion models for subject-driven generation. *Proceedings of the IEEE/CVF Conference on Computer Vision and Pattern Recognition*, pp.22500~22510.

07

ComfyUI를 활용한 고급 시각화

노드 기반 인터페이스인 ComfyUI를 통해 복잡하고 정교한 결과물을 만드는 방법을 설명한다. ControlNet으로 모델의 포즈를 제어하는 등 디자이너의 세밀한 의도를 반영하는 고급 기술을 다룬다.

AI와 애니메이션?

이미지 생성의 두 가지 접근법

패션 디자인에서 아이디어를 시각화할 때 텍스트 프롬프트만으로는 한계에 부딪히는 경우가 많다. 특히 모델의 정확한 포즈, 의상의 세밀한 실루엣, 원단의 드레이프 표현, 배경과의 조화 같은 요소들은 말로 설명하기 어렵다. 이러한 한계를 극복하기 위해 SDXL, Flux 같은 이미지 생성 모델을 활용하는 방법이 발전했으며, 현재 크게 두 가지 접근법으로 나뉜다.

첫째는 통합 인터페이스 방식이다. Stable Diffusion WebUI가 대표적이며, 프롬프트 입력창과 설정 슬라이더들이 하나의 화면에 정리된 형태다. 텍스트를 입력하고 Generate 버튼을 누르면 바로 결과가 나온다. 하나의 화면에서 모든 설정을 조정할 수 있어 직관적이며, 프롬프트 가중치 조정, 이미지 자체를 입력으로 하는 이미지 투 이미지(img2img), 완성된 이미지를 목적에 맞게 수정하는 인페인팅, 아웃페인팅 등 기본적인 기능들이 잘 정리되어 있다. 이러한 인터페이스는 초보자도 쉽게 접근할 수 있지만, 복잡한 작업에서는 한계가 드러난다. 여러 확장 기능을 동시에 사용할 때 충돌이 발생하거나, 성공한 결과를 정확히 재현하기 어려운 경우가 생긴다.

둘째는 노드 기반 워크플로 방식이다. ComfyUI가 대표적이며, 이미지 생성의 각 과정을 개별 블록으로 분해하여 시각적으로 연결하는 방식이다. 처음 진입장벽이 다소 높지만, 도구에 익숙해지면 높은 수준의 정밀한 제어가 가능해진다. 각 노드는 명확한 입력과 출력을 가지므로 문제가 발생했을 때 어느 단계에서 오류가 생겼는지 쉽게 파악할 수 있다. 또한 워크플로 파일에 모든 설정과 연결 정보가 저장되어 언제든 동일한 결과를 재현할 수 있다. 이러한 재현성과 정밀 제어는 브랜드 일관성이 중요한 패션 컬렉션 작업에서 특히 중요하다. 시즌별 일관성 유지나 룩북 시리즈 제작처럼 동일한 품질과 스타일을 지속적으로 유지해야 하는 작업에서 노드 기반 워크플로의 장점이 분명하게 드러난다.

ComfyUI 기본 워크플로 구조

ComfyUI의 기본 워크플로는 명확한 데이터 흐름을 따른다. 체크포인트 모델에서 시작하여 텍스트 인코딩, 이미지 샘플링, 최종 디코딩까지 각 단계가 개별 노드로 구현된다.

Load Checkpoint 노드는 체크포인트 모델에서 세 가지 구성 요소를 분리한다. MODEL은 실제 이미지 생성을 담당하는 부분이고, CLIP은 텍스트를 수치로 변환하는 부분이며, VAE는 잠재 공간과 이미지 공간 간 변환을 담당한다. 이 분리를 통해 각 구성 요소를 독립적으로 제어할 수 있다.

CLIP Text Encode 노드는 긍정 프롬프트와 부정 프롬프트를 AI가 이해할 수 있는 수치 형태로 변환한다. 텍스트의 의미가 수학적 벡터로 변환되면서 이미지 생성 과정에서 조건부 정보로 활용된다.

KSampler 노드에서 실제 이미지 생성이 일어난다. 이 노드는 모델과 조건부 정보를 받아 잠재 공간에서 이미지를 생성하며, seed, steps, cfg_scale 등의 매개 변수를 통해 결과를 세밀하게 제어할 수 있다.

VAE Decode 노드가 최종적으로 사람이 볼 수 있는 이미지로 변환한다. 잠재 공간의 수치 표현이 RGB 픽셀 값으로 디코딩되면서 실제 이미지가 완성된다.

이러한 단계별 분리는 각 과정을 독립적으로 조정할 수 있게 하며, 문제가 발생했을 때 정확한 원인을 파악하는 데 도움이 된다.

ControlNet을 통한 정밀 제어

텍스트 프롬프트만으로는 표현하기 어려운 구체적인 포즈나 구조를 제어하기 위해 ControlNet을 활용한다.

ControlNet은 이미지나 스케치 같은 시각적 조건을 추가하여 생성 결과를 더욱 정밀하게 제어할 수 있게 해 주는 신경망이다.

OpenPose 제어

OpenPose는 인체의 관절 구조를 인식하여 포즈를 제어한다. 참조 이미지에서 관절 구조를 추출한 후, 이를 새로운 이미지 생성 시 포즈 조건으로 활용한다. 패션 촬영에서 모델의 특정 포즈를 일관되게 유지하면서 의상만 변경하는 작업에 유용하다. 손, 다리, 머리의 위치를 정확히 인식하므로 복잡한 포즈도 안정적으로 재현할 수 있다.

Canny Edge 제어

Canny Edge Detection은 이미지의 윤곽선을 추출하여 형태를 제어한다. 디자이너가 직접 그린 스케치를 Canny 처리하여 입력하면, AI가 그 윤곽선을 따라 이미지를 생성한다. 독창적인 실루엣이나 특수한 디자인 요소를 정확히 반영할 수 있어 콘셉트 스케치를 실제 패션 이미지로 발전시키는 데 효과적이다.

Depth Map 제어

Depth Map은 이미지의 깊이 정보를 회색조로 표현한다. 의상의 볼륨감, 레이어링, 배경과의 거리감을 조절할 수 있어 패션 사진에서 중요한 공간감을 연출할 수 있다. 특히 여러 겹의 의상이나 액세서리가 포함된 복잡한 룩에서 각 요소의 입체적 관계를 정확히 표현하는 데 도움이 된다.

전문 노드를 통한 제어

페이스 일관성 제어

ReActor 노드는 얼굴 교체 기능을 제공한다. 특정 모델의 얼굴을 레퍼런스로 설정하고, 다양한 의상과 포즈로 이미지를 생성하면서도 동일한 얼굴을 유지할 수 있다. 브랜드의 전속 모델을 활용한 다양한 룩북 제작이나 가상 피팅 시뮬레이션에 활용할 수 있다. 더 정확한 결과를 위해서는 OpenPose와 함께 사용하여 얼굴뿐만 아니라 포즈까지 함께 제어하는 것이 효과적이다.

배경 처리

LayerDiffuse 노드는 생성 과정에서부터 투명 배경 이미지를 만들어 낸다. 온라인 쇼핑몰이나 제품 카탈로그용 이미지에서 배경 제거 작업을 별도로 할 필요가 없어 작업 효율성이 높아진다. 이미 생성된 이미지의 배경을 제거해야 하는 경우에는 RemBG 노드를 활용한다.

해상도 향상

Upscale Image 노드는 AI 업스케일링 모델을 활용하여 이미지 해상도를 높인다. 저해상도로 생성된 이미지를 고해상도로 확대하면서도 디테일을 보존하거나 향상시킬 수 있어 인쇄용 고해상도 이미지가 필요한 경우 유용하다.

워크플로 관리 전략

ComfyUI는 모든 이미지의 워크플로를 메타데이터에 저장하므로, 생성된 이미지를 드래그 앤 드롭하여 완전한 워크플로를 복원할 수 있다. 이러한 특성을 활용해 성공한 워크플로는 JSON 파일로 백업하고, 프로젝트별로 분류하여 관리하는 것이 효율적이다. 새로운 기법을 실험할 때는 기존 워크플로를 복사한 후 수정하는 것이 안전하다.

확장성과 호환성

ComfyUI Manager를 통해 커스텀 노드를 체계적으로 관리할 수 있다. 설치된 커스텀 노드의 목록을 확인하고 업데이트 상황을 파악할 수 있으며, 호환성 문제나 오류가 발생한 노드는 개별적으로 비활성화하거나 제거할 수 있다. 관련 노드들을 색상별로 그룹화하여 복잡한 워크플로의 가독성을 높인다.

외부에서 공유되는 워크플로를 사용할 때는 필요한 커스텀 노드와 모델 파일을 먼저 확인한다. 다른 사람의 워크플로를 그대로 사용하기보다는 각 노드의 역할을 이해한 후 필요한 부분만 자신의 워크플로에 적용하는 것이 바람직하다.

ComfyUI의 노드 기반 구조와 정밀 제어 기능은 LLM 기반 자동화 시스템의 핵심 기반이 된다. 텍스트로 기획된 콘셉트를 체계적인 워크플로를 통해 정확한 시각화로 구현하는 통합 시스템을 만들 수 있다.

참고문헌

김성완 외(2024). 《the AI GRAPHICS: 인공지능, 캐릭터, 웹툰, 패션, 세계관, 디지털디자인》. 비엘북스.

AUTOMATIC1111. stable-diffusion-webui. https://github.com/AUTOMATIC1111/stable-diffusion-w

ebui
ComfyUI. https://www.comfy.org/
Zhang, L. et al.(2023). Adding conditional control to text-to-image diffusion models. *Proceedings of the IEEE/CVF International Conference on Computer Vision*, pp.3813~3824.

08
기획과 시각화의 워크플로 자동화

LLM이 기획한 콘셉트를 ComfyUI가 자동으로 시각화하는 에이전트의 핵심 원리를 설명한다. 사용자가 입력한 텍스트 명령이 이미지 생성 과정을 통합하고 자동화하는 방법을 구현한다.

AI와 인재 채용?

워크플로 자동화

패션디자인은 창의적 사고가 필요한 작업이지만, 반복적인 자료 조사와 시안 제작에 상당한 시간을 할애해야 한다. 이러한 현실 속에서 AI 서비스를 통합함으로 이 과정을 자동화할 수 있다. LLM과 ComfyUI를 연결하면 아이디어 구상부터 시각화까지 하나의 워크플로로 처리된다. 여러 AI 도구를 단순히 나열하는 것이 아니라, 각자의 강점을 살려 협업하는 시스템을 구축하는 것이다. 즉, 텍스트 명령 하나로 기획과 시각화를 동시에 처리하는 자동화 에이전트를 구축할 수 있다.

AI 에이전트

AI 에이전트 구축의 핵심은 서로 다른 AI 서비스를 연결하는 것이다. 기획을 담당할 LLM과 시각화를 처리할 ComfyUI가 데이터를 주고받으려면 자동화 플랫폼이 필요하다. 주요 선택지는 LangChain, n8n, Dify 세 가지다.

LangChain은 CLI 기반의 프로그래밍 프레임워크로 개발자에게 가장 높은 자유도를 제공한다. 파이선(Python)이나 자바스크립트(JavaScript)로 직접 코딩하여 AI 애플리케이션을 구축할 수 있으며, 어떤 LLM 모델이나 서비스든 원하는 대로 조합할 수 있다. LangChain

의 가장 큰 장점은 완전한 커스터마이징이 가능하다는 점이다. 패션 브랜드의 복잡한 비즈니스 로직을 세밀하게 구현할 수 있고, 특정 요구사항에 맞춘 최적화도 가능하다. 예를 들어 시즌별 트렌드 가중치 조절, 브랜드별 용어 처리, 복잡한 이미지 메타데이터 관리 등을 자유롭게 구현할 수 있다. 하지만 LangChain은 CLI 인터페이스고, 기본적인 코딩 기술을 요구하는 등의 기술적 진입 장벽을 가진다. 즉, 어느 정도 코딩을 다뤄야만 구축이나 배포, 유지 보수가 가능하다.

두 번째 선택지인 n8n은 범용 워크플로 자동화 도구로 400개 이상의 앱과 서비스와 연결할 수 있는 노드 기반 시각적 인터페이스(GUI)를 제공한다. 그 결과, LLM 에이전트를 위한 메모리 시스템, 계획 구성 요소, 도구 통합을 GUI 환경에서 직관적으로 설계할 수 있다. 트렌드 분석, 브랜드 아카이브 검색, 이미지 생성을 하나의 파이프라인으로 연결할 때 각 단계를 시각적으로 확인하면서 구축할 수 있다. 하지만 지원하는 AI 모델이 특정 서비스에 제한될 수 있다. LangChain만큼의 완전한 자유도는 없으며, 복잡한 커스터마이징이 필요할 때는 한계가 있다.

세 번째 선택지인 Dify는 n8n과 유사하게 GUI를 가지고 있고, 코드 지식이 없어도 바로 사용 가능할 정도로 친화적이다. 또 따로 사용자가 설정할 필요 없이 RAG의 문서 처리, 벡터 검색, 지식 베이스 통합과 같은 기능이 사전 구성되어 있어 바로 사용이 가능하다. Dify의 가장 큰 특징이자 장점은 AI 애플리케이션 개발에 특화되어 있다는 점이다. 패션 브랜드가 RAG 기반 상담 시스템을 구축하거나 개인화된 스타일링 추천 서비스로 발전시킬 때, 복잡한 설정 없이 빠르게 구현할 수 있다. 워크플로 완성 후 API 형태로 바로 내보낼 수 있어 다른 시스템과의 통합도 상대적으로 쉽다. 하지만 사전 구성된 접근 방식은 사용자가 최적화해서 쓸 수 있는 것과는 다르게, 운신의 폭이 좁다. 또한 상대적으로 LangChain이나 n8n만큼 광범위한 생태계를 갖지 못해, 특정 도구나 서비스를 적용하는 데 한계가 있을 수 있다. 각 플랫폼들의 특징을 고려해 목적에 맞는 도구를 선택해야 한다. 코딩에 익숙하고 완전한 커스터마이징이 필요하다면 LangChain이 최선이다. 코딩 접근 방법이 어렵게 느껴진다면, n8n이나 Dify를 선택하는 것이 좋다.

API

어떤 플랫폼을 선택하든 AI 서비스들을 연결하기 위해

서는 API에 대한 이해가 필요하다. API는 ChatGPT 같은 큰 서비스에 특정한 틀로 질문하고 답변받기 위한 규격화된 통신 규칙이다. OpenAI가 선도하는 이 규격을 다른 개발사들이 준용하여 만든다. PC 부품이 규격을 만족하면 서로 호환되는 것과 같은 원리다. API가 없다면 각 서비스마다 웹 크롤링처럼 별도 기능을 개발해야 하는데, 서비스에서 API를 제공해 준다면, 마치 입력을 함수에 던져주고 결과를 받는 것처럼 보다 편리하게 접근할 수 있다. 이러한 API를 활용할 때, 특히 LLM 서비스에 접근할 때는 계정 로그인 방식보다는 API Key라는 방식을 사용한다. 암호화된 문자열로 이 자체가 아이디와 비밀번호를 통합한 인증 수단이다.

한편 ChatGPT와 같은 LLM 서비스는 개인 구독과 별도로 개발자용 API 과금 시스템을 운영한다. ChatGPT의 경우 월 20달러의 정액제 구독과는 달리 API는 토큰당 가격으로 과금하는 종량제 시스템으로, API를 작동하기 위해서는 사전에 잔액 충전이나 후불 결제를 등록하는 것이 선행되어야 한다.

기획안 구현 방식

에이전트 구축을 단계별로 살펴보면, 첫 번째 단계는 2

장에서 다룬 RAG 시스템의 핵심 원리를 패션 브랜드 자동화에 적용하는 것이다. 범용 LLM을 전문가로 만들기 위해서는 체계적인 지식 베이스 구축이 필요하다.

먼저, 트렌드 리포트, 시즌 리뷰 자료, 브랜드 북, 기획 노트 등 양질의 자료를 수집하는 것이 중요하다. 보통 PDF 형태로 된 것들이 통합에 편리하며, PDF 파서를 활용해 문서 구조를 인식하고 텍스트를 추출한다. 각 문서의 성격에 맞게 청킹과 임베딩 과정도 전략이 필요하다. 패션 브랜드의 특성상 브랜드 헤리티지 문서는 큰 청크로, 기술적 스펙은 작은 청크로 나누어 맥락을 적절히 유지해야 한다.

LangChain에서는 파서, 벡터 DB, 청킹, 리트리버 등 각 모듈을 개별적으로 설정해야 하지만, n8n과 Dify는 이 과정을 단순화한다. n8n에서는 다양한 벡터 데이터베이스와 연결이 가능하다. Chroma, Pinecone, Weaviate 등의 벡터 데이터베이스와 통합되어 있으며, 임베딩과 검색 과정을 자동화할 수 있다. 특히 n8n의 노드 기반 인터페이스에서는 문서 로드, 청킹, 임베딩, 벡터 DB 저장까지의 전 과정을 시각적으로 설계할 수 있다. Dify는 이 과정이 더욱 간소화되어 있다. 문서를 업로드하기만 하면 자동으로 청킹과 임베딩이 처리되고, 내장된 벡터 검색 기능을 바로 활용할 수 있다.

만약 디자이너가 "2026년 가을 시즌을 위한 '고스 그런지' 트렌드를 우리 브랜드의 모던한 스타일에 맞게 재해석한 레더 재킷 디자인 콘셉트를 제안해 줘"라고 입력하면, 자동화 시스템이 즉시 작동한다.

리트리버가 벡터 DB에서 관련 정보를 수집하고, LLM이 원본 질문과 내부 자료를 종합해 구체적인 기획안을 생성한다. 이 과정에서 워크플로는 검색 결과의 품질을 모니터링하고, 필요시 추가 검색을 수행하거나 다른 정보원에서 보완 자료를 찾아온다. 생성된 기획안은 자동으로 작업 히스토리에 저장되고, 디자이너는 필요에 따라 수정하거나 다른 방향으로 발전시킬 수 있다. 만족스러운 기획안이 완성되면 다음 단계인 시각화 과정으로 자동 전달되어 시안 이미지 생성까지 원스톱으로 처리된다.

시각화 과정

시각화 과정은 LLM이 생성한 기획안을 이미지로 변환하는 것이다. 여기서 ComfyUI의 'API 내보내기' 기능이 핵심 역할을 한다. ComfyUI에서 워크플로를 API로 내보내려면 설정에서 "Enable Dev mode Options" 박스를 체크하고 메뉴 우측 상단의 "Save(API Format)" 옵션을 사용한다. 이 기능은 복잡하게 연결된 전체 노드 구성을 JSON 형태의 API 호출 명령으로 변환한다.

이렇게 만들었던 ComfyUI의 워크플로를 활용하기 위해서는 프롬프트 변환이 수반되어야 한다. LLM이 생성한 한국어 기획안에서 "크롭 기장 레더 재킷, 부드러운 양가죽, 무광 블랙 지퍼, 고스 그런지 스타일, 모던한 실루엣" 같은 핵심 키워드를 추출하고, 이를 ComfyUI가 이해할 수 있는 영문 프롬프트로 변환해야 한다. 사용하는 이미지 생성 모델의 특징에 맞게 LLM이 최종 프롬프트를 만든다. 이러한 자동화 워크플로는 디자이너를 반복적인 자료 조사와 시안 생성에서 해방시킨다. 기술이 창의성을 대체하는 것이 아니라, 가장 중요한 작업에 집중할 수 있도록 돕는 도구가 되는 것이다. 디자이너는 이제 기계적인 작업 대신 콘셉트의 완성도를 높이고, 새로운 아이디어를 탐구하는 데 시간을 할애할 수 있다.

참고문헌

이경록(2025). 《테디노트의 랭체인을 활용한 RAG 비법노트: 기본편》. 리코멘드.

ComfyUI. https://www.comfy.org/

09
디자이너를 위한 맞춤형 앱 배포

완성된 AI 에이전트를 사용하기 쉬운 웹 애플리케이션으로 만드는 과정을 다룬다. Streamlit이나 Dify를 활용하여 직관적인 UI를 갖춘 맞춤형 디자인 툴을 배포하는 방법을 설명한다.

AI와 기자?

앱 배포의 의의

패션 디자인에서 AI를 활용할 때 가장 큰 장벽 중 하나는 복잡한 기술적 조작이다. 새로운 콘셉트를 시도할 때마다 LLM의 변수값을 바꾸고, LoRA의 적용도를 조절하고, 옵티마이저를 수정한 결과를 비교해야 한다. 이 과정에서 흐름도를 처음부터 실행시키고 수십 번의 클릭을 반복하다 보면 창의적 아이디어는 번거로운 작업 속에서 사라지기 쉽다.

웹 애플리케이션 형태의 맞춤형 앱은 이런 문제를 해결한다. 복잡한 기술 조작을 버튼 클릭으로 단순화하고, 여러 아이디어를 동시에 테스트하며 비교할 수 있다. 완성된 결과물을 다른 사람들과 쉽게 공유하는 것도 가능하다.

웹 애플리케이션 도구

개인용 디자인 도구를 만들 때 활용할 수 있는 대표적 도구로 Streamlit과 Gradio가 있다.

Streamlit

Streamlit은 파이선 기반의 웹 애플리케이션 프레임워크로, 별도의 웹 개발 지식 없이도 슬라이더, 버튼, 파일

업로드 등 다양한 위젯을 활용할 수 있다. GitHub 저장소와 연동하여 자동 배포가 가능하고, 여러 페이지로 구성된 복합 애플리케이션을 만들 수 있어 콘셉트 입력부터 수정, 이미지화, 기록까지 종합적으로 진행하는 디자인 스튜디오를 구축하기에 적합하다. 다만 스크립트 방식으로 구축되어 처리 속도가 상대적으로 느린 단점이 있다.

Gradio

Gradio는 파이선 함수를 웹 인터페이스로 변환해 주는 도구다. 스크립트 방식이 아니어서 처리 속도가 빠르고, AI 모델의 파라미터 제어에 최적화된 컴포넌트들을 기본 제공한다.

개별 LoRA 모델 테스트나 RAG 시스템의 특정 기능 검증 등 단일 기능 구현에 효과적이며, Stable Diffusion WebUI나 Kohya_ss 같은 오픈소스 툴의 프론트엔드로도 사용되고 있다. 다만 함수별 처리 특성상 복잡한 레이아웃이나 다단계 워크플로 구현에는 제한이 있다. 때문에 종합적인 패션 디자인 AI 에이전트를 만들려면 Streamlit으로 전체 시스템을 구축하고, 특정 기능이 필요할 때 Gradio로 개별 도구를 개발하는 것이 효과적인 전략이다.

이 밖에도 AI 자동화 에이전트 도구인 dify의 자체 배포 기능도 활용할 수 있으나, 챗봇 기능에 최적화되어 있어 복잡한 워크플로 구현에는 한계가 있다.

맞춤형 디자인 어시스턴트의 활용

개인용 디자인 어시스턴트의 첫 번째 활용법은 반복 작업의 자동화다. "SS 2025 여성복" 프리셋을 만들어 두면 시즌, 타깃 연령층, 선호 색상 팔레트가 자동으로 적용된다. "미니멀 럭셔리" 설정에는 모노톤 색상과 깔끔한 실루엣이, "스트리트 캐주얼" 설정에는 비비드한 컬러와 오버핏 스타일이 기본값으로 설정되도록 구성할 수 있다.

두 번째로, 스타일 비교 실험 기능을 구현할 수 있다. 체크 박스 형태로 여러 LoRA를 선택하고 가중치를 조절하는 인터페이스를 만들면, 하나의 콘셉트를 다양한 방향으로 시각화해 볼 수 있다. "오버사이즈 블레이저"에 빈티지 LoRA를 적용하면 1980년대 파워 숄더가 강조된 실루엣이, 미니멀 LoRA를 적용하면 절제된 라인의 현대적 블레이저가 생성된다. 같은 화면에서 결과를 나란히 비교하며 클라이언트에게 선택지를 제시할 수 있다.

프롬프트 단어별 가중치 조절은 더욱 세밀한 제어를

가능하게 한다. 괄호 안에 수치를 입력해 각 요소의 강도를 조절할 수 있어, 의뢰인의 피드백에 따라 즉시 수정된 결과를 보여줄 수 있다. 이런 실험 과정에서 개인별 선호 패턴이 드러나며, 이를 "황금 비율" 프리셋으로 저장해 두면 향후 작업에서 일관된 시그니처 스타일을 유지할 수 있다.

마지막으로, 컬렉션 전체의 통일성을 관리하는 기능도 구현할 수 있다. 봄 컬렉션 전체에 기본 조합을 설정해 두고, 개별 아이템마다 소재별 가중치를 추가하는 방식으로 컬렉션 전체가 일관된 무드를 유지하면서도 각 아이템의 개성을 살릴 수 있다.

통합 관리 인터페이스의 편의성

웹 애플리케이션의 핵심 장점은 분산된 작업들을 하나의 화면에서 처리할 수 있다는 점이다. LoRA 테스트, 프롬프트 실험, RAG의 지식 베이스 업데이트를 별도 프로그램 없이 통합 인터페이스에서 해결할 수 있다. 새로운 트렌드 리포트를 받았을 때를 예로 들면, "트렌드 자료 추가" 영역에 파일을 드래그 앤 드롭하면 텍스트 추출부터 벡터 데이터베이스 저장까지 자동으로 처리된다. 진행 상황을 실시간으로 확인할 수 있고, 완료 후 바로 해당 정보를 활용한 디자인 기획을 테스트해 볼 수 있다.

기술적 과정은 완전히 숨겨져 있어 디자이너는 창의적 작업에만 집중할 수 있다. 또, 완성된 도구를 외부와 공유하는 방식도 다양하게 설계할 수 있다. 웹 주소를 통한 직접 접근으로 포트폴리오 리뷰에서 실시간 시연이 가능하고, 여러 디자이너가 동시에 접속해서 같은 콘셉트를 다른 스타일로 해석해 보는 협업 시스템도 구현할 수 있다.

시중의 범용 AI 도구들과 달리 개인 맞춤형 도구의 가장 큰 의의는 개인의 작업 방식에 완전히 맞출 수 있다는 점이다. 자주 사용하는 기능은 메인 화면에 배치하고, 클라이언트 미팅용과 개인 작업용 인터페이스를 따로 만들 수도 있다. 또, 지속 가능한 패션에 관심이 많은 디자이너는 친환경 소재 데이터베이스와 탄소 발자국 계산 기능을 추가할 수 있고, 스트리트 패션 전문가는 실시간 트렌드 정보를 반영하는 크롤러를 연결할 수 있다. 이처럼 범용 도구들이 평균적인 사용자를 대상으로 설계된 것과 달리, 특정한 워크플로와 선호도에 최적화되어 같은 시간을 투입해도 훨씬 만족스러운 결과를 얻을 수 있다.

참고문헌

춘삼이의 IT 활용과 데이터(2023). "파이썬 웹 앱 프레임워크 gradio, steamlit, dash 비교". https://bigdatapy.tistory.com/entry/%ED%8C%8C%EC%9D%B4%EC%8D%AC-%EC%9B%B9-%EC%95%B1-%ED%94%84%EB%A0%88%EC%9E%84%EC%9B%8C%ED%81%AC-gradio-steamlit-dash-%EB%B9%84%EA%B5%90

Gradio. https://www.gradio.app

Streamlit. https://streamlit.io/

10
AI 에이전트의 지속적인 운영과 관리

구축된 AI 에이전트의 성능을 최신으로 유지하고 발전시키는 방법을 다룬다. 오픈소스 모델 업데이트, 새로운 데이터에 맞춘 LoRA 재학습, RAG DB 관리 등 지속적인 운영에 필요한 방법을 설명한다.

AI와 미래 의사?

업데이트의 필요성

구축된 AI 에이전트는 특정 시점의 기술과 데이터를 반영한다. 패션 산업은 끊임없이 변화하고, 오픈소스 생태계에서는 매주 새로운 모델이 등장한다. 이런 변화에 맞춰 에이전트를 관리하지 않으면 점차 뒤처진 결과물을 만들어 낼 수 있다. 이러한 상황에서 완성된 에이전트의 성능을 유지하고 발전시키기 위한 현실적인 접근법을 살펴본다.

LLM 모델 업데이트

만약 LLM 모델을 변경하고자 하면 워크플로 설정이 플랫폼에서 모델명을 변경하고, 만약 서비스 회사가 다르면 API Key를 새로 발급받아 입력하기만 하면 된다.

이처럼 모델 업데이트나 변경은 매우 간단하나, 각 모델별 특성과 설정했던 파라미터에 대한 민감도가 크게 다를 수 있어 최적화된 파라미터 값을 다시 찾는 데 품이 너무 많이 들 수 있다. 이 같은 최적화 절차를 추가적으로 진행한다고 하더라도, 모델 자체의 성능도 새로운 모델이 나왔다고 해서 반드시 좋은 건 아니다. 벤치마크 상으로는 Gemini가 Claude에 비해 벤치마크 점수에서 우수하다는 결과가 나왔지만, 실제 사용자들 사이에서는

Claude가 좋은 평가를 받고 더 자주 사용된다. 즉 벤치마크 성능과 실제 사용감이 다를 수 있다는 이야기다. 그래서 새 모델로 바꾸기 전에는 결과물 품질과 일관성을 비교해 보고 문제가 없고 성능이 향상된다는 게 확인된 후에 교체하는 식으로 접근하면 된다.

이미지 생성 모델 업데이트

FLUX 기반 모델의 경우에는 SDXL보다 뛰어난 성능을 보이지만, 각 모델의 특성상 프롬프트를 달리해야 한다. 이렇게 워크플로가 이어져 있기 때문에, 기반 모델을 변경하는 것도 명백히 그 이점을 확인했을 때 변경하는 것이 맞다.

새로 출시된 기반 모델보다, 파인튜닝이 잘 된 이전 버전의 체크포인트를 사용하는 것이 좋은 결과물을 내기도 한다. 때문에 기반 모델 자체를 변경하는 것보다는 파인튜닝 된 체크포인트 모델을 교체하는 것이 적절하다. 파인튜닝 된 체크포인트 모델은 보통 실사, 애니메이션 이미지 등의 명확한 타깃에 맞춰 파인튜닝을 한 모델이 활발히 커뮤니티에서 공유되고 있고, 결과물의 향상도 경험적으로 느낄 수 있을 정도다. 이러한 새로운 체크포인트 모델을 테스트할 때는 별도의 ComfyUI나 WebUI

환경에서 '테스트베드'를 구축하여 결과물을 비교하는 것이 좋다.

LoRA 업데이트

LoRA는 여러 개를 동시에 적용하면서 각각의 가중치를 개별 조절할 수 있다. 즉 브랜드 시그니처 LoRA에 0.8, 시즌 트렌드 LoRA에 0.6, 텍스처 표현 LoRA에 0.4와 같이 세밀한 강도 조정이 가능하다.

베이스 모델의 원 모델이 동일하다면 서로 다른 체크포인트에서 학습한 LoRA들도 함께 사용할 수 있다. 이런 기술적 특성 때문에 기존 LoRA를 업데이트할 때 추가 데이터로 재학습하는 것보다는 새로운 테마의 LoRA를 별도로 제작해서 조합하는 방식이 훨씬 효율적이다. 재학습은 시간이 오래 걸릴 뿐만 아니라 기존 스타일이 희석되거나 과적합이 발생할 위험이 있다. 반면 새 LoRA를 만들어 기존 것과 조합하면 각각의 특성을 명확히 유지하면서도 원하는 스타일을 정교하게 구현할 수 있다. 다만 LoRA 파일이 너무 많아져 관리가 복잡해진다면, 거의 모든 디자인에서 사용되는 핵심 LoRA는 베이스 체크포인트에 병합하는 것도 고려할 만하다. 특히 연도별 컬렉션 LoRA가 계속 누적되어 매번 여러 개를 불러오는 것이 번거롭다면 체크포인트 병합을 통해 워크플로를 단순화할 수 있다. 하지만 병합 후에는 개별 가중치 조정이 불가능해지므로 유연성을 포기하는 대신 편의성을 얻는 트레이드오프임을 인식해야 한다.

RAG 지식베이스 관리

RAG 시스템은 원본 지식 저장소와 청킹된 문서, 그리고 임베딩 벡터를 모두 포함하는 복합체이지만, 새로운 데이터 추가는 단순한 작업이다.

새 시즌 트렌드 리포트나 판매 데이터가 들어올 때마다 전체 DB를 재구축할 필요 없이 새로운 문서만 청킹하고 임베딩해서 기존 벡터 DB에 추가하면 된다. 하지만 RAG 시스템의 변경은 전혀 다른 문제다. 예를 들어 임베딩 모델이 바뀐다고 하면, 모든 문서를 처음부터 다시 임베딩해야 하는 근본적 종속성 때문에, 문서 규모가 커질수록 상당한 시간과 컴퓨팅 자원이 소요된다. 더욱이 임베딩 모델에 따라 호환되는 벡터 DB가 제한되는 경우도 있어 임베딩 모델과 벡터 저장소를 페어로 고려해야 한다. 따라서 처음 RAG 구축 시 임베딩 모델 선택이 가장 중요하며, 다국어 지원, 멀티모달 처리 능력, 벡터 DB 호환성을 종합적으로 검토하는 신중함이 필요하다.

기타 구성 요소 업데이트

AI 에이전트를 구성하는 요소들은 거의 대부분 파이선 기반으로 작동하지만, 각각이 서로 다른 버전의 라이브러리를 필요로 해서 충돌이 필연적으로 발생한다.

특히 문제가 되는 것은 하나의 도구를 업데이트할 때 공통으로 사용하는 라이브러리가 함께 업데이트되면서 다른 도구들이 갑자기 작동하지 않는 도돌이표 현상이다. 이런 문제를 해결하기 위해 가상환경을 통해 프로젝트별로 독립된 실행 공간을 만드는 방법이 있지만, 파이선 그 자체에서도 패키지 관리 도구들 간 충돌이 잦아 완벽한 해결책은 아니다. 게다가 AI 도구들은 단순한 파이선 라이브러리 충돌을 넘어서 하드웨어 수준의 복잡한 종속성을 가지고 있다. 대부분의 오픈소스 AI 도구가 엔비디아 CUDA라는 특정 기술에 의존하고 있어서, 각 도구는 특정 CUDA 버전에서만 안정적으로 작동한다. 특히 LoRA 학습을 위한 라이브러리들은 CUDA 버전과 GPU 드라이버 버전에 극도로 민감하게 반응하는데, RTX 50 시리즈 같은 최신 GPU의 경우 한동안 LoRA 학습을 위해 별도의 조치가 필요했다. 따라서 새로운 버전이 출시되었다고 해서 성급하게 업데이트하는 것은 위험하며, 드라이버나 소프트웨어를 업데이트하기 전에는 반드시 현재 사용 중인 모든 도구들과의 호환성을 확인해야 한다. 이런 CUDA 의존성은 소프트웨어 관리뿐만 아니라 하드웨어 선택에도 상당한 제약을 가한다. 즉 하드웨어 구성 시 엔비디아 그래픽 카드, 그것도 최신 버전의 VRAM이 충분한 모델을 사용해야 한다. 인텔이나 AMD 그래픽 카드로는 대부분의 오픈소스 도구를 그대로 사용할 수 없으며, 이런 환경에서 구동하려면 직접 코드를 수정하거나 별도의 최적화 작업이 필요해 현실적으로 매우 어렵다.

참고문헌

ComfyUI.org(2025.2.19). comfyui Windows Installation with Conda and venv Tutorial. https://comfyui.org/en/comfyui-windows-conda-venv

Craft Your Startup(n.d.). Python Dependency Management Hell. https://craftyourstartup.com/cys-docs/python-dependency-management-hell/

Liu, D. et al.(2025.6.19). (LoRA) Fine-Tuning FLUX.1-dev on Consumer Hardware. Hugging Face. https://huggingface.co/blog/flux-qlora

Ptrblck(2024.11.30). Compatibility between Cuda 12.6 and Pytorch. PyTorch Forums. https://discuss.pytorch.org/t/compatibility-between-cuda-12-6-and-pytorch/209649

Yadav, A.(2025.1.3). Fine–Tuning FLUX.1–dev LoRA: A Practical Guide. Medium. https://medium.com/@amit25173/fine-tuning-flux-1-dev-lora-a-practical-guide-b6f33af345e0

Zandebar(2025.6.25). Support Of Nvidia RTX 50 Series / 5090 – Win11. Stable Diffusion Art. https://stable-diffusion-art.com/forums/topic/support-of-nvidia-rtx-50-series-5090-win11/

강규연

경희대학교에서 의류디자인학을 전공한 후 이화여자대학교 디자인학부 패션디자인전공에서 2023년 "생성형 AI 기반의 지속 가능 패션디자인 컬렉션 구현"을 주제로 석사학위를 받았다. 현재 동 대학원 박사과정 재학 중이며 이화여자대학교 패션디자인연구소에서 연구원으로 활동하고 있다. 연구 관심사는 생성형 AI와 패션디자인의 접점으로, 데이터 기반 기획과 이미지 생성 모델의 실무 적용, 브랜드 스타일 학습과 워크플로 구축에 초점을 둔다. 주요 연구로 "생성형 AI를 활용한 패션 디자인 컬렉션 구현"(2025, 한국패션디자인학회지), "LoRA 기반 파인튜닝을 활용한 생성형 AI 패션 디자인 연구"(2025) 등을 발표했다.